DEUTSCHLANDS
SUPERGRABUNGEN

ALEXANDER HESSE (HG.)

DEUTSCHLANDS SUPERGRABUNGEN

17
20
10
13
10
15
10
10
14
19
6
16
9
4
11
5
12
8
8
18
8
1
8
8
7
2
3

INHALT

VORWORT: BOTSCHAFTEN AUS DER VERGANGENHEIT

Das Archiv im Boden ist wie ein Tagebuch versunkener Zeiten und Welten – wenn man es lesen will und entziffern kann. Das Archiv im heutigen Deutschland ist voller Botschaften, wie eine Litfaßsäule der Vergangenheit mit Nachrichten über unsere Wurzeln, unsere Geschichte. Doch die sind bedroht – durch Bauvorhaben, Raubgräber, Gülle und sauren Regen. Denn auch im einstigen Tresor Erde sind die Objekte nicht mehr sicher. Die Umweltschäden an archäologischen Funden haben dramatisch zugenommen. Wie kostbar dieses Erbe in unserem Boden, den Flüssen und Meeren ist, wie leichtfertig es zerstört und damit die Entschlüsselung unserer Geschichte für immer vernichtet wird, das sollte auch einer breiten Bevölkerung vermittelt werden. Denn der Schatz liegt vor unserer Haustür. Der Schatz liegt in der Erkenntnis, die uns Funde und Befunde enthüllen. Die ist wertvoller als Gold. Und die gilt es zu bewahren. Wir alle sollten uns dabei angesprochen fühlen, wenn Archäologen in Deutschland aufschlussreiche Vorstöße in die Vergangenheit unternehmen.

Die neue ZDF-Reihe „Terra X: Deutschlands Supergrabungen" schließt in ihrem Titel an den überragenden Erfolg der kürzlich ausgestrahlten Terra-X-Reihe „Deutschlands Superbauten" an, die die Geschichte der Dresdner Frauenkirche, von Schloss Neuschwanstein und des Kölner Doms erzählte und damit das lange Engagement des Senders für den (Boden-)Denkmalschutz bekräftigte. Der neue Zweiteiler will ein breites Publikum sensibilisieren für die beispiellose Gefährdung von Fundstätten, will deutlich machen, dass Funde ohne Befunde, also die Einbettung in den historischen Zusammenhang, wertlos sind, will das Bewusstsein für die Notwendigkeit archäologischer Reservate schärfen und das Verstehen, dass es hier um die Bewahrung unserer Geschichte geht. Wir sind nicht nur auf den Spuren einer grauen Vergangenheit, von vergessenen Zeiten und versunkenen Kulturen, wir sind auf unseren eigenen Spuren, auf der Fährte zu uns selbst. Archäologie geht uns an. Um Stefan Zweig zu zitieren: „Wer die Vergangenheit nicht versteht, versteht nichts wirklich."

Doch dazu heißt es erst einmal, das Interesse beim Zuschauer und Leser herauszukitzeln. Die vorgestellten Grabungen sind im wahrsten

Sinne des lateinischen Wortes „super“, also ganz oben im Erkenntnisgewinn. Wird das Wörtchen „super“ einem Begriff vorangesetzt, dann wird „das Genannte emotional verstärkt und begeisterte Anerkennung ausgedrückt“, schreibt der alte Meyer in seinem Wörterbuch. Dem wollen wir folgen und hoffen, diese, unsere Begeisterung in den Buch- und Filmbeiträgen weiterzugeben.

Die Zusammenarbeit der Archäologen mit verschiedensten anderen Fachgebieten, namentlich den naturwissenschaftlichen, hat einen Quantensprung in Analyse und Auswertung der Befunde gebracht. Sie erlaubt den Wissenschaftlern, neue Fragen an alte Zeiten zu stellen, weil sie erst jetzt über Möglichkeiten verfügen, sie zu beantworten. So werden in der neuen ZDF-Reihe die Entwicklung vertrauterer Forschungen wie die ältesten Kunstwerke der Welt aus dem Lonetal oder die Pfahlbauten als auch aktuelle Grabungen vorgestellt. Aber auch neue Aspekte und Zielrichtungen sollen zur Diskussion gestellt werden. Denn: Ist die Untersuchung eines Fluchttunnels unter der Berliner Mauer wirklich Archäologie?

Die neue ZDF-Reihe „Deutschlands Supergrabungen“ entstand in enger Zusammenarbeit mit dem Verband der Landesarchäologen Deutschlands. Mein ganz besonderer Dank gilt dem Vorsitzenden, Prof. Dr. Jürgen Kunow. Von den ersten Planungen an hat er unser Vorhaben aktiv unterstützt. Dank auch an alle beteiligten Wissenschaftler, die viel Zeit und Geduld für die Filmemacher aufbrachten, vor allem Prof. Dr. Matthias Wemhoff, Berlin, der uns fachmännisch durch die Filme führt, sowie Alexander Hesse, der das Projekt mit initiierte und leitete.

Der französische Schriftsteller Albert Camus schrieb einmal, was für ihn den ersten Menschen ausmache: Er hatte keine Vergangenheit, keine Wurzeln, keine Anhaltspunkte. Wir sind nicht die ersten Menschen. Wir leben nicht im Paradies, nicht in Ovids „Goldenem Zeitalter“. Wir haben eine Vergangenheit, wir haben Anhaltspunkte. Archäologen sind dabei, sie uns zu liefern. Grund genug, genau hinzuschauen. Ich hoffe und glaube, dass mit unserer neuen Reihe ein Millionenpublikum versteht, wie wichtig es ist, das Archiv Boden zu schützen und zu bewahren.

Gisela Graichen

DEUTSCHLANDS SUPERGRABUNGEN – EINE EINFÜHRUNG

Was ist eigentlich eine „Supergrabung"? Für das Fernsehen ist „super" inzwischen die Kategorie schlechthin geworden. Doch mittlerweile hat dieses Prädikat den Bereich des Showgeschäftes hinter sich gelassen und die scheinbar so solide Welt der Wissenschaft erreicht. Dabei könnte das Wort im Sinne der ursprünglichen lateinischen Bedeutung von „darüber, oben" tatsächlich für das Verständnis von Archäologie geeignet sein. Denn bei dieser eigentlichen Begriffsdeutung geht es um eine Lagebeziehung, um das Verhältnis von oben und unten, von drunter oder drüber – und das trifft die archäologische Methode auf den Punkt. Trotz aller moderner Technik ist sie im Wesentlichen die Beobachtung von Schichtenfolgen geblieben. Jeder Nutzungsvorgang kann Spuren hinterlassen, und diese müssen von Archäologen gelesen werden. Seit mehr als 700 000 Jahren ist das Gebiet des heutigen Deutschlands besiedelt. Dabei umfasst die Alt- und Mittelsteinzeit 95 % dieser langen Zeitspanne. Archäologisch lässt sie sich selten gut fassen. Doch wenn es gelingt, sind diese Funde besonders spektakulär. So konnten 1994 und 1995 im niedersächsischen Schöningen etwa 300 000 Jahre alte Speere entdeckt werden, die aufgrund ihrer hervorragenden Flugeigenschaften unser Bild von den Fähigkeiten dieser frühen Menschen nachhaltig verändert haben.

Mit unseren hier ausgewählten Grabungen in Deutschland beginnen wir vor bald 40 000 Jahren auf der Schwäbischen Alb. Die Entdeckung einer weiblichen Figurine in der seit 1977 erforschten Höhle „Hohlefels" war die Sensation der deutschen Archäologie der letzten Jahre. Die „Venus vom Hohlefels", deren körperliche Qualitäten so gar nicht dem Bild heutiger Models entsprechen, gehört zu den ältesten je entdeckten Kunstwerken, und die Frage steht im Raum: Entstanden die ältesten Kunstwerke der Menschheit tatsächlich auf der Schwäbischen Alb? Die atemberaubende Entdeckung gewinnt eine besondere Brisanz, da die entstandene Kunst zeitlich eng mit der Ankunft unserer direkten Vorfahren, den anatomisch modernen Menschen (Homo sapiens), zusammenfällt. Vor etwa 40 000 Jahren hat er das erste Mal unser Gebiet betreten. Wieso ist also der moderne Mensch erst in Schwaben zum Künstler geworden? Und war die Fähigkeit, der-

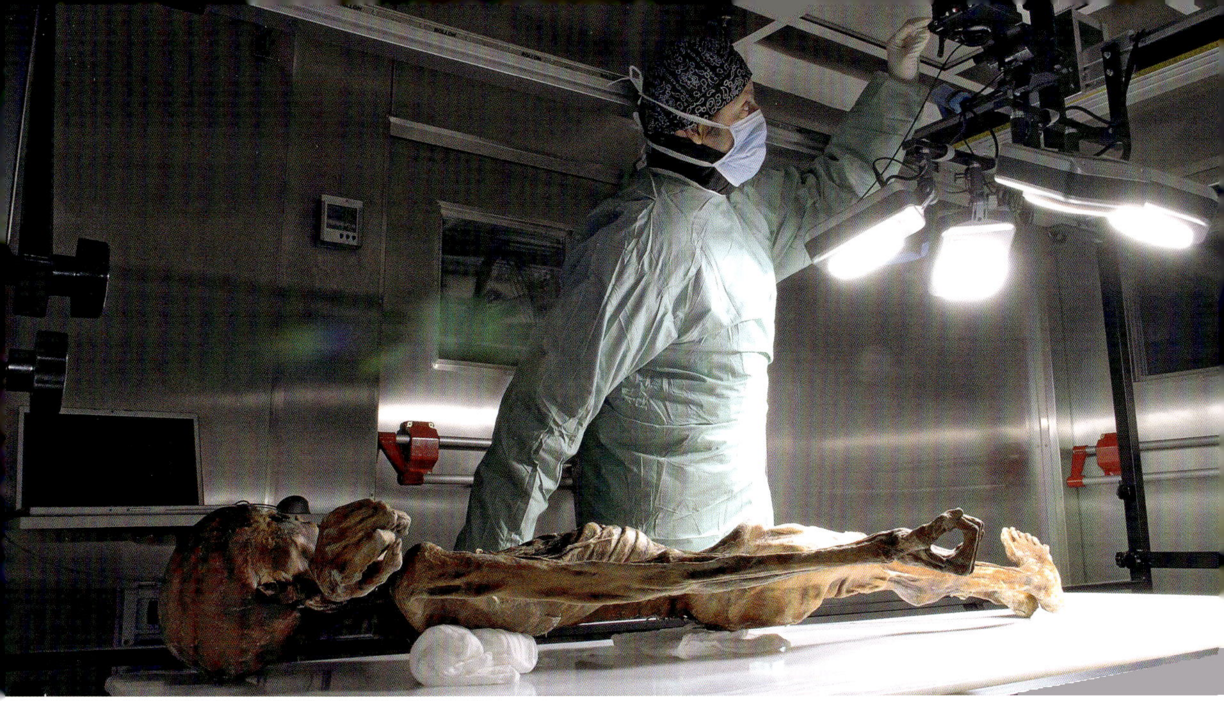

art qualitätvolle Kunst herzustellen, lediglich dem anatomisch modernen Menschen vorbehalten oder verfügten auch bereits Neandertaler über entsprechende Fertigkeiten? Bisher scheinen die Kunstwerke allerdings ausschließlich mit dem modernen Menschen in Verbindung zu stehen.

Für Archäologen ist die Besiedlung Europas durch sesshafte Bauern einer der faszinierendsten und archäologisch gut nachweisbaren Einschnitte, die uns die Geschichte bietet. Und trotz der vielen ausgegrabenen Siedlungen sind noch etliche Fragen offen. Die nach der typischen Keramik „Bandkeramik" genannte Kultur breitet sich seit dem 6. Jt. v. Chr. nördlich der Alpen aus, das inzwischen dichte Netz archäologischer Fundplätze lässt immer genauere Datierungen zu. Besondere Chancen bietet dabei der Braunkohletagebau. Hier müssen ganze Siedlungslandschaften vor der endgültigen Zerstörung archäologisch untersucht werden. Der rheinische Tagebau und der Tagebau in der Lausitz bieten dafür gute Voraussetzungen.

Bereits vor 20 Jahren ist in Südtirol „Ötzi" entdeckt worden. Vielleicht ist er inzwischen der bekannteste Europäer geworden. Und auch nach 20 Jahren intensivster Forschung sind, wie die Jubiläumsausstellung in Bozen 2011 gezeigt hat, keineswegs alle Fragen um den vor ca. 5300 Jahren gestorbenen Mann geklärt. Wie konnte zum Beispiel eine Pfeilspitze, die „Ötzi" möglicherweise eine tödliche Verletzung zugeführt hat, erst nach mehreren Jahren intensiver Untersuchung entdeckt werden? Seit dem letzten Jahr hat Ötzi auch ein neues Gesicht, dunkel, faltenreich, dünn und zäh tritt uns der Mittvierziger entgegen. Genauso wünschen wir uns vermutlich die Ergebnisse der Archäologen: Konkret, individuell und detailreich sollen sie der Geschichte ein Gesicht geben. Dies ist auch der Anspruch der Forscher überall in Deutschland. Auf der Grabung und bei der Auswertung ist jedes Detail wichtig. Erst die Zusammenschau vieler einzelner ergrabener Geschichten ergibt die Möglichkeit, auch die große Geschichte der Menschen in Europa und darüber hinaus zu schreiben.

So wird überall geforscht, im unwirtlichen hochalpinen Raum, unter Wasser, etwa in den Pfahlbausiedlungen am Bodensee oder in der Ostsee. Selbst „unter Tage" sind Archäologen tätig. So wurden die mittelalterlichen Stollen, die der Gewinnung von Silber dienten, unter der sächsischen Stadt Dippoldiswalde erst vor Kurzem nach einem Einsturz entdeckt und seitdem intensiv erforscht.

Heutige Archäologen haben keine zeitliche Forschungsgrenze mehr. Alles, was Menschen an Spuren hinterlassen haben, ist von großem Interesse. Selbst erst wenige Jahrzehnte zurückliegende Ereignisse können durch Archäologen entschleiert werden, dies zeigt der Fluchttunnel am nordwestlichen Stadtrand von Berlin ebenso wie der spektakuläre Fund von Skulpturen vor dem Roten Rathaus in Berlin, die 1937 von den Nationalsozialisten in deutschen Museen als „Entartete Kunst" beschlagnahmt worden sind und seitdem als verschollen galten.

Grabungen in Deutschland gehören inzwischen überall zum Alltag. Die Menschen haben sich daran gewöhnt, dass vor großen Baumaßnahmen erst einmal die Archäologen kommen. Bei Bauprojekten sind die Kosten für Grabungen meist schon fest eingeplant. Nur einige der Untersuchungen bringen Spektakuläres zutage, vieles wirkt inzwischen wie Routine. Doch genau in der Regelmäßigkeit liegen die großen Perspektiven und die Chancen für weiteren Wissenszuwachs. Trassenprojekte, bei denen es sich um die umfassende Untersuchung im Rahmen von Bauarbeiten etwa an Autobahnen oder Pipeline-Projekten handelt, zeigen dies besonders.

Gleichzeitig erlauben neue naturwissenschaftliche Methoden, auch das Individuum stärker in den Blick zu nehmen. Skelette, die vor wenigen Jahren nur im Hinblick auf Alter, Geschlecht und wenige gut sichtbare Krank-

DER LÖWENMENSCH AUS DEM SCHWÄBISCHEN LONETAL

heiten ausgewertet werden konnten, haben sich inzwischen zu einer Quelle ersten Ranges entwickelt. Die genetische Forschung und neue Verfahren wie etwa die Isotopenanalyse, die klären kann, ob Personen immer in der Fundregion gelebt oder ihre Jugend an einem anderen Ort verbracht haben, legen offen, was noch vor wenigen Jahren niemand für möglich gehalten hätte. Auch hat sich die Grabungsmethodik verändert. So werden immer häufiger große Funde wie etwa das keltische Kammergrab nahe der Heuneburg im Block geborgen – für optimale Untersuchungen unter Laborbedingungen.

Die Deutschen gelten als Weltmeister im Ausgraben. Es gibt bei uns sicher mehrere Tausend Grabungen, Fundbeobachtungen und Fundmeldungen pro Jahr. Diese große Zahl hat zwei Gründe. Einmal wird in Deutschland sehr viel gebaut. Der Flächenverbrauch durch neue Straßen, Bau- und Industriegebiete ist enorm hoch – pro Tag werden noch immer etwa 100 ha in Deutschland zugebaut. Auch war Deutschland in historischen und prähistorischen Zeiten verhältnismäßig dicht besiedelt, viele Kulturen und Epochen haben ihre Spuren hinterlassen. Doch diese sind täglich vielerorts gefährdet, und so sind archäologische Grabungen bei uns fast ausschließlich Rettungsgrabungen, sie lesen quasi die Urkunden des Bodenarchivs vor ihrer Zerstörung.

Was ist eigentlich eine Supergrabung? Diese Frage stellt sich tatsächlich nur bei der schwierigen Auswahl für die Sendung des ZDF. „Super“ ist die Vielzahl der Ausgrabungen, „super“ ist das Wissen, das wir zunehmend über die Vergangenheit unserer Region gewinnen, und „super“ ist, dass die Menschen vielerorts die Grabungen mit Begeisterung und großem Interesse verfolgen – und die Archäologen ihr Wissen gerne weiter vermitteln, direkt auf der Ausgrabung oder in den zahlreichen archäologischen Museen in Deutschland.

Prof. Dr. Matthias Wemhoff

DIREKTOR DES MUSEUMS FÜR VOR- UND FRÜHGESCHICHTE IM NEUEN MUSEUM / MUSEUMSINSEL BERLIN UND LANDESARCHÄOLOGE

Alexander Hesse

LEITER DER REDAKTION GESCHICHTE & GESELLSCHAFT, ZDF

DIE ÄLTESTEN KUNSTWERKE DER WELT

Es ist schon ein ganz besonderes Fleckchen Erde – das Lonetal auf der Schwäbischen Alb. Das Flüsschen Lone, Namenspatronin dieser ausgesprochen reizvollen Landschaft, ist gerade einmal 37,5 km lang. Aber das Tal der Lone wartet mit gigantischer Vergangenheit auf: 200 Millionen Jahre Erdgeschichte, mindestens 100 000 Jahre Menschheitsgeschichte und 35 000 Jahre Kunstgeschichte. Seit Langem sind hier Forscher einem der ältesten und geheimnisvollsten Kunstwerke der Welt auf der Spur.

SYSTEMATISCHE SUCHE

Als der Heimatforscher Hermann Mohn im Mai 1931 wieder einmal auf Erkundungstour das Lonetal durchstreifte, fiel ihm der Eingang eines Dachsbaues ins Auge. Der Inhaber der unterirdischen Behausung, der Dachs, hatte gerade neuen Abraum hinausgeschafft. Gut sichtbar lagen einige ungewöhnliche Feuersteinstücke obenauf – und Hermann Mohn alarmierte die Wissenschaft in Person von Gustav Riek, damals Urgeschichtler an der Universität Tübingen. Umgehend erfolgten Untersuchungen vor Ort, die den Dachs sein Heim kosteten, in deren Verlauf aber die Vogelherdhöhle mit ihren sensationellen Tierplastiken aus Mammutelfenbein – die weltberühmten Vogelherdfiguren – entdeckt wurde. Angesteckt vom „Grabungsfieber" zogen der Anatom und Autodidakt im Metier Archäologie Robert Wetzel und sein Assistent Anton Bamberger 1932 los, um noch weitere unentdeckte Fundstellen im Lonetal zu suchen. Tatsächlich fanden sie die Bocksteinhöhle, als sie Füchse beobachteten, die auf unheimliche Weise im Gestein verschwanden. Diese Höhle barg

STECKBRIEF

Zeitstellung: 100 000 bis 5000 Jahre v. Chr.
Entdeckt durch: Robert Wetzel, 1939, Hohlenstein-Stadel, Hermann Mohn, 1931, Vogelherdhöhle
Grabung: Gustav Riek (Prähistoriker), 1931, Vogelherdfiguren; Nicholas J. Conard, 2005 bis 2012, Nachgrabung, Institut für Ur- und Frühgeschichte, Abteilung Ältere Urgeschichte und Quartärökologie der Universität Tübingen, Vogelherdhöhle
Größe der Grabung: 1931: ca. 160 m², Nachgrabung: ca. 320 m²
Menge der Fundstücke: 1931: ca. 16 500; Nachgrabung: über 40 000
Funde: Knochen von Menschen (Homo sapiens), Knochen von Tieren (Höhlenbär, Wildpferd, Mammut u. a.), Artefakte (Faustkeile, Speerspitzen u. a.) sowie Figuren aus Mammutelfenbein (Vogelherd-Figuren)

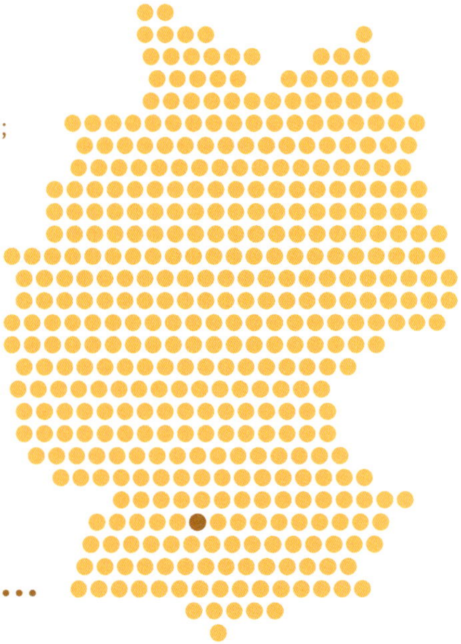

Schätze, von denen die beiden nicht zu träumen gewagt hätten, und das, obwohl bereits im 19. Jh. hier gegraben und drei menschliche Skelette entdeckt wurden. Diese Knochen konnten 1997 auf 6200 v. Chr. datiert werden. Doch Wetzel und Bamberger fanden die schon erwähnten Neandertalerspuren – ein archäologischer Volltreffer. Den ganz großen Coup landete Robert Wetzel jedoch bei Untersuchungen im Stadel, einer der Hohlenstein-Höhlen – ohne es tatsächlich zu wissen. 1939 förderte sein Team zahlreiche Bruchstücke aus Mammutelfenbein zutage. Wegen des folgenden Kriegsgeschehens konnte die Grabung nicht fortgesetzt werden. Die Funde verschwanden später im Ulmer Museum, wo sie erst nach 30 Jahren wiederentdeckt wurden. Dem scharfen Auge des Archäologen Joachim Hahn ist es zu verdanken, dass der unschätzbare Wert jener Bruchstücke erkannt wurde. Er fand Bearbeitungsspuren auf den einzelnen Teilen, sah passende Verbindungen und setzte die mehr als 200 Splitter schließlich, wenn auch lückenhaft, zusammen. Ihm war eine Jahrhundertentdeckung gelungen.

Die Stadelhöhle, eine der drei Karsthöhlen im Hohlenstein bei Asselfingen auf der Schwäbischen Alb.

GEHEIMNISVOLLER LÖWENMENSCH

Hahns Fleißarbeit hatte eine etwa 30 cm hohe Statuette ergeben, die eine Tier-Mensch-Chimäre darstellte – ein Mischwesen aus Höhlenlöwe und Mensch. Später fand man im Arbeitszimmer des 1961 verstorbenen Wetzel weitere Teilstücke, und Spaziergänger entdeckten im Stadel ebenfalls fehlende Splitter. 1987/1988 wurden alle passenden Teile im Rahmen einer sechsmonatigen vollständigen Neubearbeitung zusammengefügt. Seit 2009 ergaben neue Grabungen durch Claus-Joachim Kind vom Landesamt für Denkmalpflege nochmals zusätzliche Bruchstücke, mit deren Hilfe man die Figur entscheidend ergänzen konnte. So vervollständigte sich das Bild des „Löwenmenschen aus dem Lonetal“: Bis zu 37000 Jahre alt, trägt die aufrecht stehende Figurine einen Kopf, der unzweifelhaft der eines Höhlenlöwen ist. Andere Körperteile lassen sich eher einem Menschen zurechnen. Wie nicht anders zu erwarten, rauschte diese geheimnisvolle Chimäre vernehmlich durch den Print-Blätterwald, in dem offenbar der Frage nach dem Geschlecht des Wesens ganz besondere Bedeutung beigemessen wurde. Ausgerechnet das Teilchen, das die Antwort liefern könnte, ist noch verschollen. Doch für die meisten Wissenschaftler ist dieser Aspekt beinahe ohne Belang. Sie diskutieren die viel spannendere Frage, was es denn mit diesem zu den ältesten Kunstwerken der Welt zählenden Objekt auf sich haben könnte. Vielleicht birgt sie Informationen über religiöse oder okkulte Vorstellungen der frühen Lonetaler, die zurzeit jedoch noch niemand interpretieren kann. Sehr klare Kenntnisse hat man hingegen von der Herstellung des Objektes, da auch Steinwerkzeuge gefunden wurden, mit deren Hilfe die Figur höchstwahrscheinlich gefertigt worden ist. Im Jahre 2009 hat der Archäotechniker Wulf Hein in einem Aufsehen erregenden Experiment den Löwenmenschen unter Einsatz von Feuersteinwerkzeugen aus Elfenbein nachgeschnitzt. 320 strapaziöse Arbeitsstunden später war die Kopie fertig. Abgeschlossen ist die Forschung im Lonetal jedoch nicht. Vor allem in der Vogelherd-Höhle, aber auch an anderen Stellen wird weiter gegraben, geschlämmt und dokumentiert. Dabei hegen die Wissenschaftler die Hoffnung, den Löwenmenschen, der im Ulmer Museum aufbewahrt wird, doch noch komplettieren zu können.

Die Archäologen hoffen, 2012 weitere Bruchstücke aus Mammutelfenbein im Abraum der Stadelhöhle zu finden, um die 1988 rekonstruierte Statuette des Löwenmenschen zu komplettieren.

Die Körperhaltung des Löwenmenschen verrät die natürliche Krümmung des Mammutstoßzahns, aus dem die Figurine geschnitzt worden ist.

Das Mammut war ein bedeutender Rohstofflieferant für die eiszeitlichen Lonetaler: So könnte die Mammutjagd ausgesehen haben.

URALTES SIEDLUNGSGEBIET

Die Aussichten stehen nicht schlecht, dass neue Überraschungsfunde aus den verschiedensten Phasen der Lonetal-Besiedelung aus dem Dunkel der vielen Höhlen ans Licht kommen. Die ersten „Lonetaler" gingen ja bereits vor etwa 100 000 Jahren in der Gegend auf Mammutjagd. Allerdings waren diese Lonetaler Neandertaler. Das verrät das Fragment eines Oberschenkelknochens, das im August 1937 im Hohlenstein-Stadel geborgen wurde. Dass sich jene Eiszeitmenschen an der Lone wohlgefühlt haben, liegt nicht zuletzt an den angenehmen Wohnmöglichkeiten. Eine ganze Reihe von Höhlen in den vor 150 bis 200 Millionen Jahren im Jura-Meer entstandenen Kalkfelsen bot besten Unterschlupf. Faustkeile, Speerspitzen und Keilmesser sowie zahlreiche andere Artefakte zeugen von jagdlicher und handwerklicher Geschicklichkeit der Neandertaler. Die Funde aus der Bockstein- und der Haldensteinhöhle, dem ältesten bekannten

Siedlungskomplex der Neandertaler in Süddeutschland, zählen zu den bedeutendsten Nachweisen jener „anderen“ Menschen im gesamten süddeutschen Raum. Spätestens vor 35 000 Jahren entdeckte dann Homo sapiens die Vorzüge des Lonetals. Ob die modernen Menschen ihre „Vettern der anderen Art“ verdrängt haben oder ob sie in bereits verlassenes Gebiet einwanderten, ist nicht klar. Fest steht jedoch, dass Homo sapiens seit jener Zeit das Lonetal ohne nennenswerte Unterbrechungen bis heute besiedelt hat. Die Lebensbedingungen müssen von Anfang an sehr gut gewesen sein. Sonst hätten sie niemals so viel Zeit in künstlerische Aktivitäten investieren können, wie es die ungeheure Fülle höchst bedeutender Fundstücke belegt. Die frühen Lonetaler hatten die Entdeckung ihres Lebens gemacht: Freizeitgestaltung. Untersuchungen vor allem der Vogelherd-Höhle und der Höhlen des Hohlensteins brachten archäologisch wertvollste Zeugnisse frühmenschlicher Kreativität ans Licht. Bereits Mitte des 19. Jh. fanden erste Grabungen in den mehr oder weniger mit Sediment gefüllten Höhlen des Hohlensteins statt. Über 10 000 Skelettreste von Höhlenbären, aber auch frühmenschliche Werkzeuge waren die Ausbeute. Doch um an die wirklichen Kronjuwelen des Lonetals heranzukommen, bedurfte es der aktiven Mitarbeit vierbeiniger Ausgräber: eines Dachses und einiger Füchse. Vielleicht gibt ja in Zukunft wieder einmal ein tierischer Hobbyarchäologe den entscheidenden Tipp für einen weiteren Spitzenfund. Wer weiß, was in den Höhlensedimenten noch alles seiner Entdeckung harrt? Zumindest am Vogelherd bergen Nicholas Conard und sein Team von der Universität Tübingen bei ihren alljährlichen Nachgrabungen immer neue wertvolle Artefakte und Faunenreste jener frühzeitlichen Epoche – übrigens ganz ohne vierbeinige Helfer.

TOURISTISCHE HINWEISE

Der Löwenmensch ist im Ulmer Museum zu besichtigen. Aktuelle Informationen finden Sie unter **www.loewenmensch.de**
Über die sehr umfangreiche Angebotspalette (Höhlenbesichtigungen u. a.) für archäologisch, geologisch oder naturkundlich interessierte Touristen informiert die Broschüre „Das Lonetal – 200 Millionen Jahre in einem Tal“.
Bezug über: touristik@langenau.de
www.lonetal.net

WOHNEN
ÜBER DEM WASSER

PFAHLBAUTEN RUND UM DIE ALPEN

Mitte des 19. Jh. wurden erstmals Reste rätselhafter Siedlungen aus Stein- und Bronzezeit in voralpenländischen Seen entdeckt – damals und bis heute eine archäologische Sensation mit magischer Anziehungskraft auf Wissenschaftler und Laien gleichermaßen. Doch wer hatte dort einst gelebt? Was hatte die Siedler bewogen, in den Seen zu bauen? Die systematische Erfassung dieser so genannten Pfahlbauten zählt zu den bedeutsamsten Forschungsgebieten der Vor- und Frühgeschichte.

FENSTER ZUR VORZEIT

Was führen Immobilienmakler als eines der wichtigsten Kriterien für die Bewertung eines Grundstücks auf? Genau: Lage, Lage und nochmals Lage. Wohnen am Wasser zum Beispiel – ein Trend, der bei Betuchten heute wieder „in" ist. Aber wie so oft: alles schon einmal dagewesen, nur eben etwas anders. Ähnliches ahnte der Schweizer Archäologe Ferdinand Keller, als er eigenartige Funde im Zürichsee inspizierte. Im Winter 1853/54 waren die Wasserstände in den meisten Seen des Voralpenlandes extrem niedrig. Das nutzte man, um Bauarbeiten an verschiedenen Uferbereichen auszuführen. Dabei kamen Holzpfähle und andere Siedlungsspuren im Flachwasser zum Vorschein. Keller erkannte darin die Reste einer vorzeitlichen Pfahlbausiedlung. In den folgenden Jahrzehnten wurden immer mehr solcher hölzerner Konstruktionen in vielen Seen rund um die Alpen entdeckt. Doch die meisten lagen unter Wasser und waren somit für die damaligen Archäologen kaum zugänglich. Erst etwa 100 Jahre nach der ersten Sichtung im Zürichsee ermöglichten neuartiges Tauch-Equipment und moderne Methoden eine systematische wissenschaft-

STECKBRIEF

Zeitstellung: Jungsteinzeit bis Bronzezeit, etwa 5000 bis ca. 800 v. Chr.
Entdeckt durch: Ferdinand Keller (Altertumsforscher) 1854, Zürichsee (Pfahlbautheorie); Kaspar Löhle um 1856, Bodensee;
Grabung: Landesamt für Denkmalpflege Baden-Württemberg, Bayerisches Landesamt für Denkmalpflege
Größe der Grabung: zahlreiche Untersuchungsareale unterschiedlicher Größe
Menge der Fundstücke: Zigtausende von Funden
Funde: Siedlungsreste und Gegenstände des täglichen Lebens verschiedener Kulturen, vereinzelt auch Kultobjekte und Ritualbauten

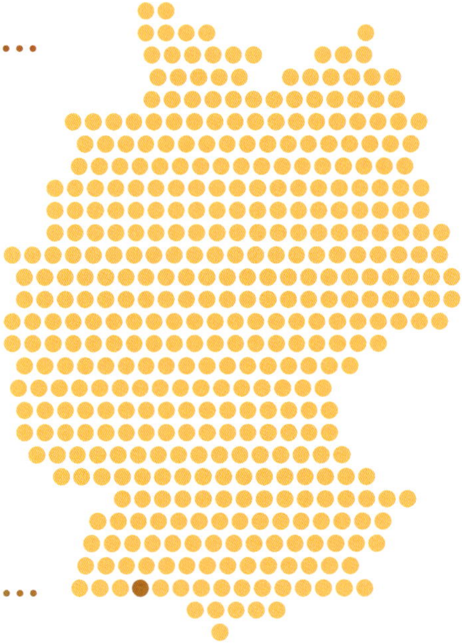

liche Bearbeitung – ein weites Feld öffnete sich für Forschungstaucher und Unterwasserarchäologen. Inzwischen sind mehr als 900 Fundstellen von Pfahlbausiedlungen am Fuße der Alpen lokalisiert. Davon liegen etwa 120 in Südwestdeutschland, die meisten am Bodensee. Die auch wegen des benachbarten Museums bekannteste Pfahlbausiedlung ist die von Unteruhldingen-Stollenwiesen. Diese spätbronzezeitliche Dorfanlage erstreckte sich über 3 ha und ruhte auf mehr als 25 000 Pfählen. Die Bedeutung der Pfahlbaudörfer als Fenster zur Vorzeit ist nicht zuletzt auch wegen der zahlreich gefundenen Gegenstände des täglichen Lebens so immens, dass die UNESCO im Jahre 2011 insgesamt 111 Pfahlbausiedlungen in sechs Alpenländern zum grenzübergreifenden Welterbe erklärt hat. Davon liegen 18 Fundstellen in Bayern und Baden-Württemberg.

Etwa 4900 Jahre alter Hausfußboden aus der jungsteinzeitlichen Moorsiedlung Ölzreuthe-Enzisholz, freigelegt im Jahre 2010.

VIELFALT AN EXTREMSTANDORTEN

Bereits im fünften vorchristlichen Jahrtausend hatten Menschen plötzlich begonnen, Siedlungen an den Rändern von Seen, Sümpfen und Mooren zu gründen. Der Trend breitete sich von Norditalien her auf weite

Gebiete am Fuße der Alpen aus. Reste dieser so genannten Feuchtbodensiedlungen finden sich heute in Slowenien, Italien, Frankreich, der Schweiz, Österreich und Deutschland. Je nach Lage wurden die Häuser ebenerdig oder auf stelzenartigen Pfählen errichtet. Letztere sind unter der Bezeichnung „Pfahlbauten" in die Archäologie sowie die Vor- und Frühgeschichte eingegangen. Das Errichten solcher Feuchtbodensiedlungen erforderte spezielle Bauweisen. Ebenerdig wurde gebaut, wo keine größeren Wasserstandsschwankungen zu erwarten waren, etwa an Ufern von Mooren und Sümpfen. Diese Häuser standen oft direkt auf dem Boden oder leicht erhöht auf gitterförmig verlegten Holzkonstruktionen. An den großen Seen mit vor allem jahreszeitlich bedingten Wasserstandsschwankungen – am Bodensee zwischen 2 und 3 m – wurden meist Pfahlbauten errichtet. Diese Konstruktionen standen dann, obwohl auf der Strandplatte errichtet, bei „Hochwasser" im See. Gewiss auf den ersten Blick ein Idyll, hatte das Leben in diesen Häusern mit der Pfahlbauromantik, die in frühen Rekonstruktionen des 19. Jh. aufscheint, jedoch wenig gemein. Bauausführung und Ausstattung waren regional sehr unterschiedlich. Die Wände bestanden aus Rund- oder Spalthölzern oder aus Flechtwerk. Oft dichtete aufgetragener Lehm die Flächen ab. Die tragenden Pfosten – meist aus Eiche und Esche – reichten tief in den Grund, andere Konstruktionen ruhten auf Pfahlschuhen, die ähnlich wie Schneeschuhe das Einsinken der Ständer in den Boden verhinderten, und stützten den einfachen „Dachstuhl" bis in eine Höhe von 7 m. Gedeckt wurde mit Schilf, Rinde, Holzschindeln, Gras oder Zweigen. Bauweise und Baumaterialien erforderten ständige Instandhaltungsarbeiten. Diese Häuser wurden kaum länger als eine Generation lang bewohnt. Oft waren sie bereits nach zehn Jahren baufällig und wurden aufgegeben. Die meisten Standorte waren daher nicht kontinuierlich genutzt, wurden aber im Laufe der Jahrhunderte immer wieder von anderen Siedlern belegt. In den etwa 3500 Jahren (4300–800 v. Chr.) der Pfahlbauzeit nutzten viele Völkerschaften und Angehörige unterschiedlicher Kulturen diese

Form der Architektur. Pfahlbau ist also ein multikulturelles Phänomen des Wohnens an extremen Standorten.

Lebensbild Pfahlbausiedlung: Die Bauart diente auch als Absicherung gegen Raubtiere.

ERTRAGREICHE FORSCHUNG

In den etwa 160 Jahren Pfahlbauforschung haben die Wissenschaftler eine Fund- und Faktenfülle zusammengetragen, die ein detailreiches Bild vom Leben der stein- und bronzezeitlichen Menschen an den Seen rund um die Alpen zeichnet. Allerdings ist noch nicht so recht klar, weshalb es einige Menschen an die „Wasserkante“ trieb, während ihre Zeitgenossen in den anderen Landesteilen „normal“ siedelten. Morastige Seeufer sind nicht gerade das, was man unter einer Toplage versteht. Aber die Pfahlbauer sahen das offenbar anders. Umfangreiche Untersuchungen haben gezeigt, dass die unmittelbare Nähe zum Wasser für Handel und Warentransport via Einbaum, für Fischfang und Abfallentsorgung vorteilhaft war. Die meisten Pfahlbauer lebten dabei zweigleisig: Sie nutzten die Gewässer, betrieben aber gleichzeitig Landwirtschaft im Hinterland. Sie waren höchst mobil, kannten bereits seit dem 3. vorchristlichen Jahrtausend Rad und Wagen, verfügten über ein zumindest teilweise befestigtes Wegenetz und trieben Handel mit Menschen südlich der Alpen, lange bevor Ötzi dort unterwegs war. Andererseits soll es mit der Hygiene nicht so optimal gewesen sein. Fäkalproben zeigen einen hohen Parasitenbefall. Angesichts der aufgefundenen Fäkalreste von Mensch und Tier darf man sich die Uferbereiche unterhalb der Häuser entsprechend vorstellen. Akribisch setzen Archäologen, Bodenkundler, Archäobotaniker und -zoologen, Dendrochronologen, Forschungstaucher und andere Wissenschaftler die einzelnen Puzzleteile zusammen. Dazu bieten die Feuchtbodensiedlungen des Alpenvorlandes einmalige Bedingungen. Doch nicht nur die Erforschung und Dokumentation der Objekte, sondern

Unterwasserarchäologen bei Untersuchungen des Landesamtes für Denkmalpflege Baden-Württemberg an den Pfahlbauten von Sipplingen.

In der Pfahlbausiedlung Sipplingen wurde ein mindestens 5000 Jahre alter Flechtschuh aus Gehölzbast entdeckt.

auch deren Schutz und Erhaltung zählen heute zum Aufgabenbereich der archäologischen Arbeit. Unter Wasser hervorragend erhalten, sind die hölzernen „Fundamente“ vor allem durch die verschiedensten Nutzungen der Seen gefährdet. Je stärker schützende Sedimentschichten etwa durch vermehrten Wellengang abgetragen werden, desto leichter greift die Erosion an. Mit Hightech wie Echolot, Side-Scan-Sonar, Luft- und Radarüberwachung sowie im Nahbereich durch regelmäßige Kontrollen von zentimetergenau gps-eingemessenen Erosionsmarkern überwachen die Wissenschaftler die einzelnen Fundorte, um notfalls Schutzmaßnahmen für die mehrere Tausend Jahre alten Objekte zu ergreifen – eine Aufgabe, die angesichts zunehmender Gefährdungen immer mehr an Bedeutung gewinnt.

TOURISTISCHE HINWEISE

Es gibt zahlreiche Angebote in Süddeutschland, der Schweiz und Österreich. Zum Einstieg in das faszinierende Gebiet eignet sich ein Besuch im Freilichtmuseum Unteruhldingen oder im Federseemuseum Bad Buchau. Wichtige Funde sind im Archäologischen Landesmuseum Konstanz und im Landesmuseum Württemberg Stuttgart ausgestellt.

www.palafittes.org
www.unesco-weltkulturerbe-pfahlbauten.de
www.pfahlbauten.de

ÖTZI 2012

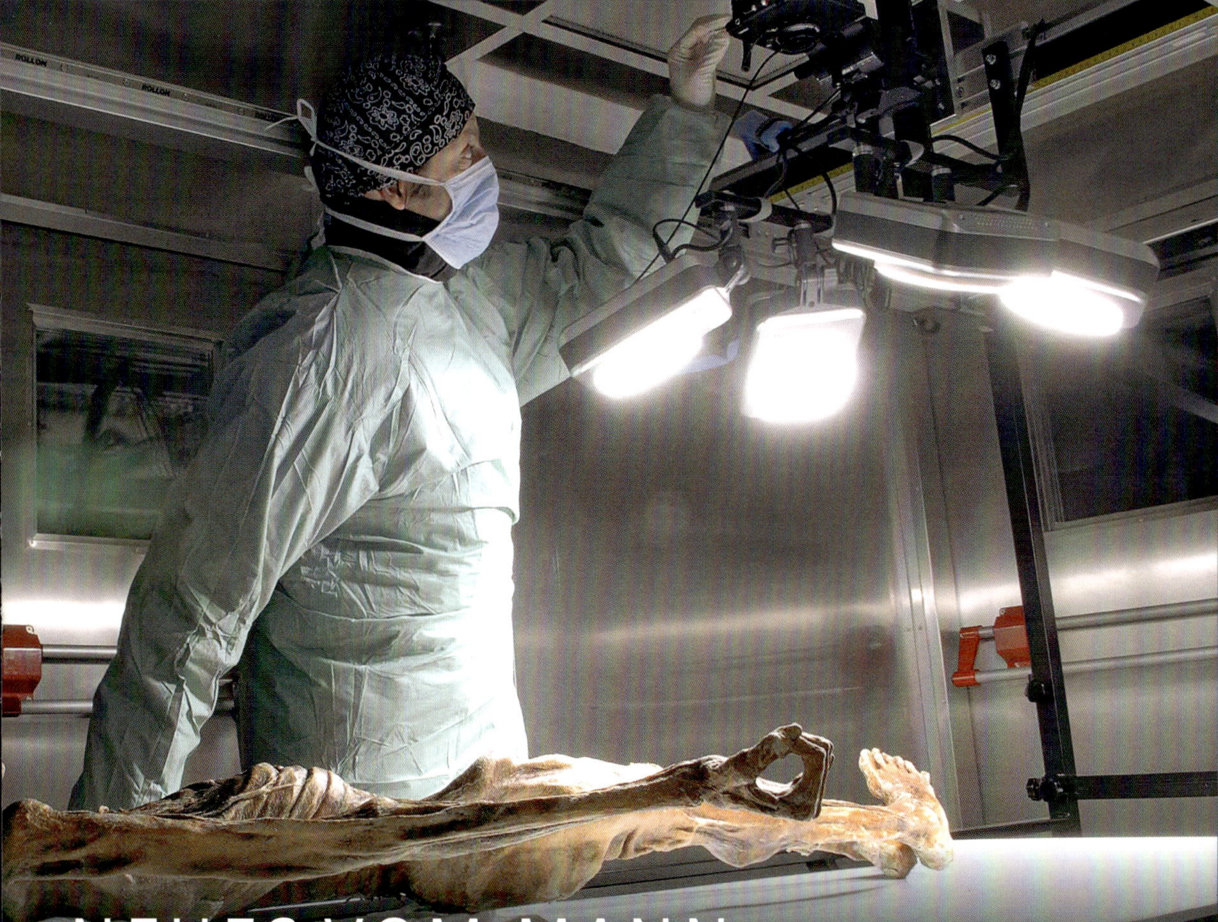

NEUES VOM MANN AUS DEM EIS

Ötzi lebte zwischen 3350 und 3100 v. Chr., in einer Zeit, als es weder Stonehenge noch die Pyramiden von Gizeh gab, Rom noch nicht gegründet und Konfuzius noch lange nicht geboren war. Diese fast unbekannte steinzeitliche Welt wurde einem breiten Publikum erst durch den Fund von 1991 zugänglich. Und die Reise in die Vergangenheit scheint noch lange nicht beendet; jedes Jahr werden neue Details des berühmtesten Alpenbewohners von den Wissenschaftlern entschlüsselt. Und doch hat Ötzi noch immer nicht jedes Geheimnis preisgegeben.

DER PERFEKTE FUND

Ötzi wurde nicht in Deutschland, sondern an der Grenze zwischen Österreich und Italien gefunden. Doch die Bedeutung der Mumie geht weit über Landesgrenzen hinaus. Da die Steinzeit keine Nationalstaaten kannte, konnten wir nicht widerstehen und haben Ötzi mit aufgenommen, sozusagen adoptiert.

Es ist der Augenblick, auf den wohl jeder Archäologe hofft. Ein unberührter Fund, der ein Fenster in die Vergangenheit öffnet, durch das man weit hineinschauen kann in das Leben unserer Vorfahren. Ötzi war so ein Glücksfall. Perfekt in Eis präpariert lag die Mumie am Hauslabjoch in den Ötztaler Alpen in Südtirol in 3220 m Höhe wie auf dem Präsentierteller. Der einzige Fund eines erhaltenen menschlichen Körpers aus der ausgehenden Stein- und beginnenden Kupferzeit mitsamt Kleidung und Ausrüstung! Und dann ging doch einiges schief. Die ungewöhnlich hohen Temperaturen des Sommers 1991 hatten den Sarg aus Eis verschwinden lassen. Ein deutsches Ehepaar, das auf einer Bergtour vom Weg abgekommen war, entdeckte den bizarr aussehenden braunen Leichnam und alarmierte den Wirt einer nahen Hütte. Der rief die Bergrettung, doch das

Ötzi ist der meist-untersuchte Patient der Geschichte.

STECKBRIEF

Zeitstellung: Jungsteinzeit/beginnende Kupferzeit, etwa 3300 v. Chr.
Entdeckt durch: Spaziergänger während einer Bergtour
Grabung: verschiedene Eisgrabungen seit 1991 in Zusammenarbeit mit mehreren Instituten unter Leitung des Amtes für Bodendenkmäler der Autonomen Provinz Bozen
Größe der Grabung: einige Quadratmeter im Bereich des Felsblocks, auf dem Ötzis Körper bäuchlings gelegen hatte
Menge der Fundstücke: mehr als 20
Funde: neben der Mumie selbst auch ein Kupferbeil, Pfeile, ein Köcher, ein Dolch, ein Bogen, eine Rückentrage, Überreste der Kleidung, darunter Mantel, Beinkleider, Lendenschurz, Mütze

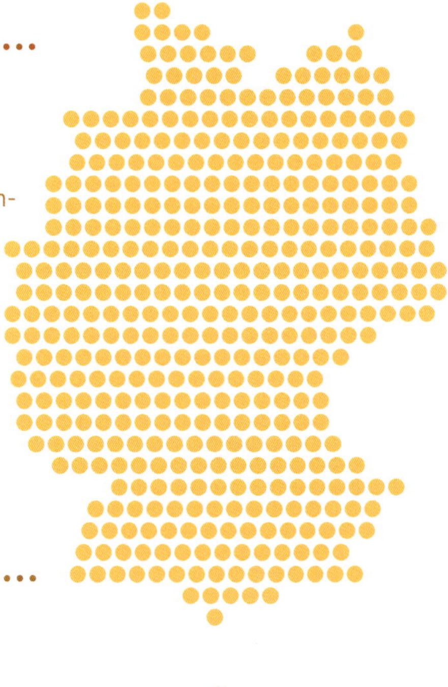

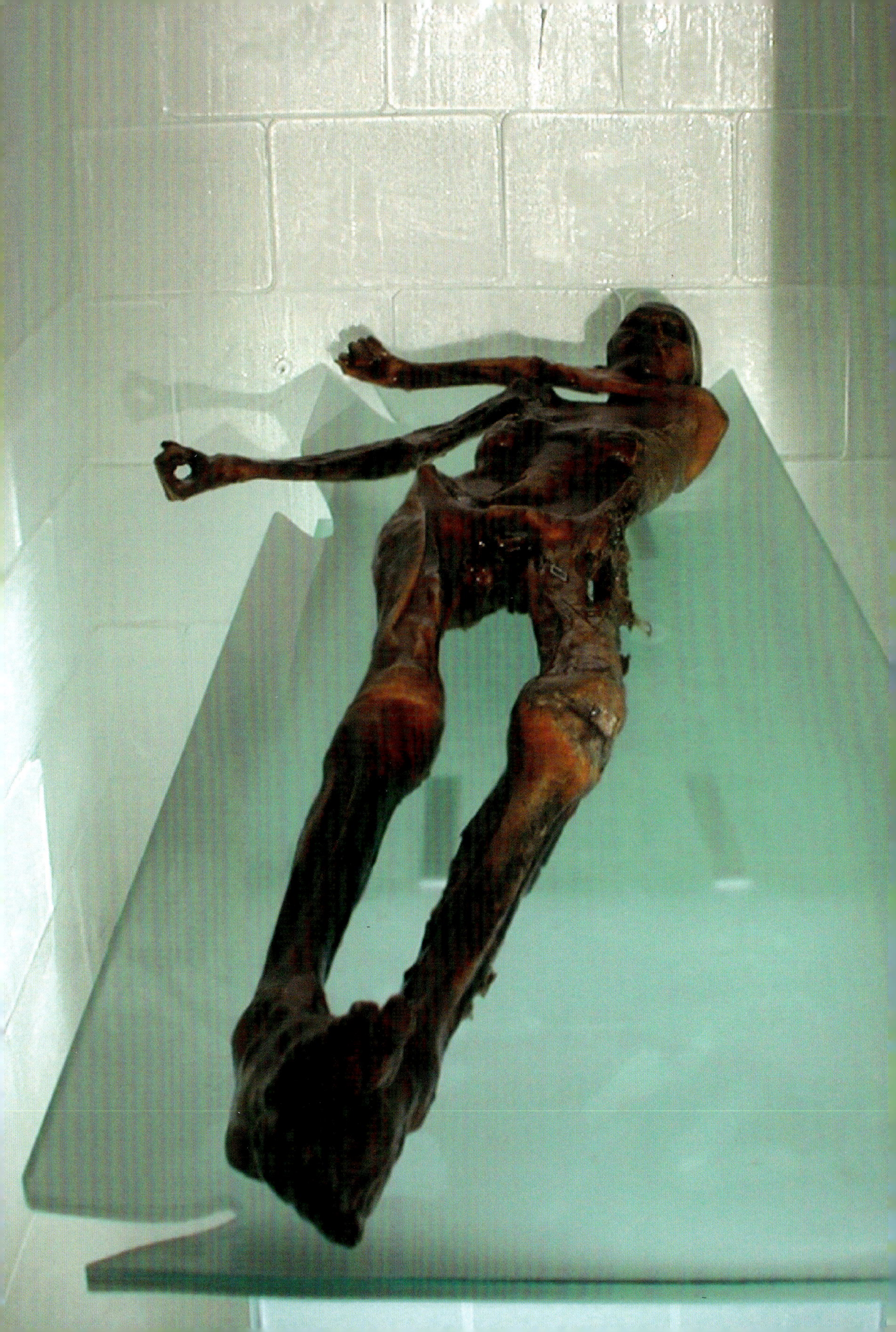

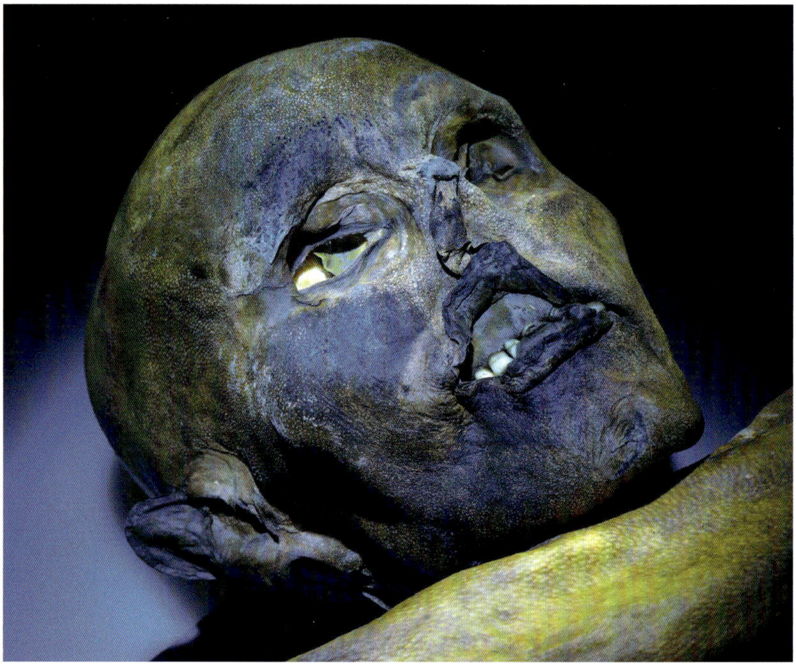

Ötzi Superstar – kein archäologischer Fund hat jemals ein größeres Medieninteresse hervorgerufen.

schlechte Wetter verhinderte deren Einsatz. So begann der Wirt mit einem befreundeten Bergführer kurzerhand, selbst an der Leiche herumzustochern. Woher sollten sie auch wissen, welchen archäologischen Schatz sie hier bearbeiteten. Und auch die Gerichtsmediziner, die dann fünf Tage später doch noch eintrafen, machten es kaum besser. Mit Skistöcken und sogar einem Presslufthammer rückten sie Ötzi zu Leibe. Wie viele der feinen Hinweise und Spuren bei der Aktion zerstört wurden, weiß niemand. Und trotzdem reichten die geborgenen Überreste aus, um ein Heer von Wissenschaftlern verschiedenster Disziplinen über zwei Jahrzehnte zu beschäftigen. Seitdem die Leiche 1991 gefunden wurde, stellt sich jedes Jahr die gleichbleibend spannende Frage: Was gibt es Neues von Ötzi?

MORD ODER UNFALL ODER BEIDES?

Bis 2001 galt, dass der Mann aus dem Eis eines natürlichen Todes gestorben war. Als die Forscher aber eine Pfeilspitze in der linken Schulter der Leiche entdeckten, war die Theorie des Todes durch Erschöpfung im

Schneesturm dahin. Aus einem Unglück eines verirrten Hirten wurde ein Kriminalfall mit unbekannten Mördern, ungeklärten Motiven und einem Opfer, über dessen Stellung inzwischen einiges bekannt ist. Ötzi war mächtig, vielleicht ein Clan-Chef oder ein Schamane. Dafür spricht das wertvolle Kupferbeil, das er bei sich hatte. Außerdem sind seine Gelenke ungewöhnlich wenig abgenutzt. Immerhin war der Mann zwischen 40 und 45 Jahre alt, für die damalige Zeit ein hohes Alter. Neue Analysen der Verletzungen an seinem Schädel geben nun auch Hinweise auf die Art der tödlichen Attacke. Die Verletzung durch den Pfeil war wahrscheinlich nicht die Todesursache. Vielmehr könnten die Schläge, die Ötzi frontal am Kopf trafen, zum Tod geführt haben. Oder eine Kombination der Verletzungen verbunden mit einem Sturz. Der Pfeil wurde jedenfalls von hinten abgefeuert. Ein Angriff aus dem Hinterhalt, womöglich ausgeführt vom eigenen Clan oder sogar der eigenen Familie. Wie sich dieser Verdacht begründet? Das wertvolle Beil wurde dem Toten belassen. Vielleicht fürchteten die Täter das eindeutige Indiz, mit dem sie als Mörder wahrscheinlich sofort entlarvt worden wären. Das Beil ist ein Statussymbol erster Güte aus der Gegend des österreichischen Mondsees. Der Feuerstein seiner Dolchklinge stammt dagegen aus einem Steinbruch am Gardasee. Entweder kam Ötzi viel herum oder er war wohlhabend. In jedem Fall war er aber ein bedeutender Mann – daran besteht kein Zweifel.

Tatort Tisenjoch – 5300 Jahre nach Ötzis Tod beginnt die akribische Suche nach Indizien.

100 WISSENSCHAFTLER FÜR ÖTZI

Vor allem naturwissenschaftliche Untersuchungen helfen den Archäologen, ein immer genaueres Bild vom Leben des Eismannes zu zeichnen. Isotopenanalysen seines Zahnschmelzes zufolge wuchs Ötzi im Südtiroler Vinschgau auf. Er hatte Karies und litt unter Darmparasiten. Mit Genuntersuchungen konnte sogar seine braune Augenfarbe ermittelt werden. Dank der interdisziplinären Arbeit von über 100 Wissenschaftlern weiß man inzwischen auch viel über Ötzis letzte Stunde. Albert Zink, der Leiter des „EURAC-Institut für Mumien und den Iceman“ in Bozen, ist überzeugt, dass sich der Wanderer kurz vor seinem Tod sicher gefühlt haben muss und nicht auf der Flucht war. Anders ist nicht zu erklären, dass sich Ötzi in aller Ruhe eine ausgiebige Mahlzeit aus Ziegen- und Steinbockfleisch zubereitet hatte. Außerdem fanden sich im Magen Reste von Apfelstückchen, Getreidekörnern, Blättern und Flügel von Fliegen. Vielleicht haben die Angreifer in dieser Pause zugeschlagen und den Verletzten zurückgelassen, als er keine Chance hatte, allein zu überleben. Hinweise auf eine Bestattung haben die Archäologen nicht gefunden. Die merkwürdige nach oben zeigende Haltung eines Armes und das Fehlen von Steinen oder anderen typischen Grabbeigaben aus dieser Zeit lassen nur den Schluss zu, dass Ötzi einsam verendet sein muss. Sehr wahrscheinlich hat er versucht, sich mit dem linken Arm den Pfeil in der rechten Schulter zu ziehen. Außerdem hat er sich gegen die Angreifer gewehrt, darauf deuten die tiefen Schnittwunden zwischen Daumen und Zeigefinger hin. Doch Ötzi hatte keine Chance. Von den 14 Pfeilen, die noch in seinem Köcher steckten, waren nur zwei einsatzbereit.

RÄTSELHAFTE TÄTOWIERUNGEN

Warum er überhaupt auf eine Höhe von über 3200 m geklettert ist, bleibt bis heute ein Rätsel. Besonders einladend waren die Temperaturen sicher nicht, denn auch das weiß man inzwischen genau: Ötzi starb im Frühling

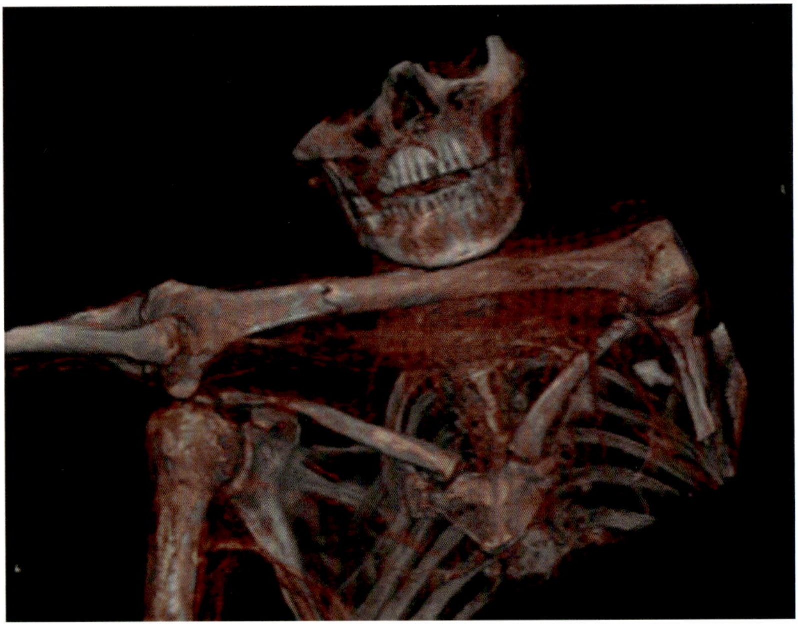

Und es war doch Mord – die Position der Pfeilspitze in der linken Schulter.

und nicht wie bislang vermutet im Herbst – das ergab eine Pollenanalyse durch die hinzugezogenen Botaniker. Doch auch die Pflanzenexperten haben bislang keine Erklärung für die sechs verschiedenen Moosarten, die Ötzi in seinem Magen hatte. Denn geschmeckt hat das Grünzeug nicht, auch nicht vor 5300 Jahren. Der Nährwert ist gleich null. Hatte das Moos vielleicht therapeutische Wirkung?

Die Behandlung von Krankheiten und die Schmerzlinderung war schließlich auch damals ein überlebenswichtiges Thema, auch das verrät die meist untersuchte Leiche der Welt den Wissenschaftlern. Auf seinem Körper hat man Zeichen ausgemacht, die Brandmalen ähneln. Nach eingehender Untersuchung stellten die Spezialisten fest, dass es sich um Tätowierungen handelte. Diese zeigen aber keine Motive, sondern es handelt sich um über 50 sehr einfache Linien. Ärzte sind heute der Ansicht, dass diese Tätowierungen der Schmerztherapie gedient haben. Eine Therapie ähnlich der Akupunktur, denn die Linien verlaufen unter anderem auf wichtigen Energiebahnen des Körpers, die in der Akupunktur „Meridiane" genannt werden. Durch diese Entdeckung müssen die historischen Ursprünge der Akupunktur, die bisher mit etwa 1000 v. Chr. angegeben wurden, um über 2000 Jahre vordatiert werden. Allerdings hatten Ötzis Medizinmänner weder Nadeln noch Tinte. Die Linien entstanden durch Einreiben der Hautschnitte mit einer Mischung aus pulverisierter Holzkohle und Wasser.

Die Steinzeit bekommt ein Gesicht – die Rekonstruktion des Südtiroler Archäologiemuseums prägt heute unser Bild.

Ötzis Leiche ist wie ein Puzzlespiel, dessen Teile seit 20 Jahren umgedreht, neu entdeckt und gemischt und in das Gesamtbild eingefügt werden. Mediziner, Anthropologen, Nanotechniker, Biochemiker, Physiker, Archäologen – wohl noch nie haben sich Spezialisten so vieler Disziplinen an einer Leiche versucht. Ötzi ist ein Star der Steinzeit und auch Wissenschaftler können sich der Strahlkraft der berühmten Mumie nicht entziehen. Sicher ist, dass der Eismann auch in Zukunft von sich reden machen wird. Denn jede neue Entwicklung in der Forschung wird Ötzi ein weiteres Geheimnis entlocken.

TOURISTISCHE HINWEISE

Vom österreichischen Vent im Schnalstal aus kann man eine Bergtour auf das 3200 m hohe Tisenjoch unternehmen. Hier markiert eine kleine Steinpyramide Ötzis Fundort.
Im Südtiroler Archäologiemuseum in Bozen befindet sich die Rekonstruktion ebenso wie die Mumie selbst, die durch ein Fenster betrachtet werden kann. **www.iceman.it/de**

DER JAHRHUNDERTFUND

DIE HIMMELSSCHEIBE VON NEBRA

1999 zerren Raubgräber auf dem Mittelberg bei Nebra eine bronzene Scheibe mit goldenen Auflagen aus der Erde. Nach einer Odyssee als Hehlerware gelangt das Stück zwei Jahre später in die Hände der Forschung. Es ist eine wissenschaftliche Sensation: Die Himmelsscheibe von Nebra ist die älteste naturalistische Himmelsdarstellung der Welt.

FILMREIFES SZENARIO

Dass in einem Archäologen auch das Herz eines Under-Cover-Agenten schlummern kann, das erfuhr Harald Meller 2002 am eigenen Leib. Der Landesarchäologe von Sachsen-Anhalt und Leiter des Landesmuseums für Vorgeschichte in Halle hatte Fotos zugespielt bekommen, die einen runden bronzenen Gegenstand mit goldenen Beschlägen zeigten. Die Scheibe sei ganz in der Nähe gefunden worden, so hieß es. Harald Meller erkannte auf den ersten Blick, dass es sich um einen außerordentlich wertvollen Kunstgegenstand handelte. Doch noch war es nur eine „Ware", die auf dem Schwarzmarkt kursierte und mittlerweile einen spektakulären Wert von nahezu 400 000 Euro erreicht hatte. Wie daran kommen? Wie diesen Sensationsfund in die Obhut der Wissenschaft holen? Harald Meller entschied sich, die Sache selbst in die Hand zu nehmen. Er gab sich als Interessent aus und traf die anbietenden Hehler in der Schweiz. Im Hotel Hilton in Basel sollte die Übergabe erfolgen – und die Falle schnappte zu. Statt des erwarteten Geldbündels erhielten die Mittelsmänner ein unfreiwilliges Treffen mit der Schweizer Polizei, die Meller rechtzeitig informiert hatte. Endlich hielt der Archäologe das Stück in Händen, das er bislang nur auf Fotos gesehen hatte. 32 cm im Durchmesser groß, 4,5 mm

STECKBRIEF

Zeitstellung: Bronzezeit, ca. 1500 v. Chr.
Entdeckt durch: Raubgräber
Grabung: Landesmuseum für Vorgeschichte Halle
Größe der Grabung: etwa 1000 m²
Funde: Bronzescheibe mit einer Darstellung des Himmels, zwei Bronzeschwerter, zwei Beile, ein Meißel, Schmuck

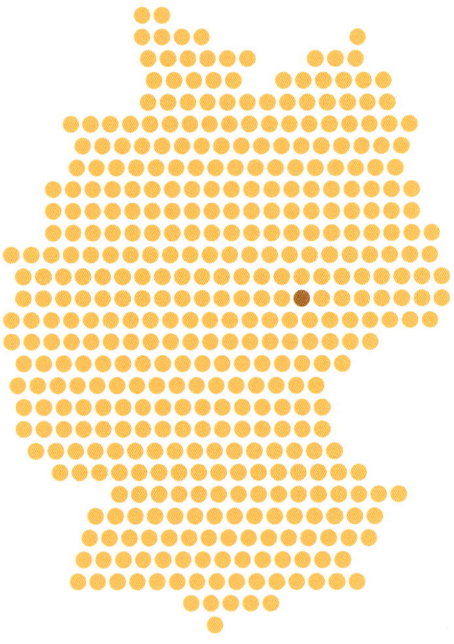

dick, 2,3 kg schwer, türkisgrün und verziert mit einem goldenen Kreis, goldenen Punkten und drei Bögen – eine Himmelsdarstellung, wie sie auch ein Laie auf den ersten Blick erkennen konnte. Weitere Funde, die nach Angaben der Hehler von der gleichen Stelle stammten, konnten ebenfalls sichergestellt werden: zwei Schwerter, zwei Beile, ein Meißel aus Bronze und etwas Schmuck.

Kostbares Beiwerk. Erst Holzreste an einem Beifund ermöglichten die Datierung der Himmelsscheibe.

SENSATION ODER FÄLSCHUNG?

Doch so groß die Freude über den gelungenen Einsatz auch war – erst einmal musste Harald Meller beweisen, dass das ungewöhnliche Stück wirklich aus der Bronzezeit stammte. Denn die Perfektion der Scheibe rief sofort Skeptiker auf den Plan. Spezialisten verschiedenster Forschungsrichtungen nahmen sich das Stück vor und analysierten Materialien und

Bearbeitung. Die Korrosion, die der Scheibe ihre grüne Farbe verlieh, schien sich über Jahrhunderte gebildet zu haben. Auch die Zusammensetzung des Goldes der Auflagen sprach für ein hohes Alter. Doch die C^{14}-Methode, mit der viele archäologische Funde zeitlich präzise eingeordnet werden können, schied aus, da die verwendeten Materialien für die Scheibe keinen Kohlenstoff enthielten. Aus welcher Zeit die Himmelsscheibe wirklich stammt, verriet erst ein unerhörter Glücksfall. An einem der zusammen mit der Scheibe entdeckten Schwerter fand sich ein winziger Holzrest, der datiert werden konnte: auf ein Alter von 3500 Jahren. Die Himmelsscheibe von Nebra entpuppte sich damit als die älteste bisher bekannte Darstellung des Himmels weltweit.

Für die Wissenschaftler kam die Tatsache, dass die Scheibe ein Raubfund war, einer Katastrophe gleich. Ohne Fundort fehlte ein wichtiger Teil der Geschichte. Dieses Wissen hatten jedoch nur diejenigen, die die Misere herbeigeführt hatten – die Raubgräber. Nachdem die Polizei die Täter ermittelt hatte, gaben sie zu Protokoll, dass sie am 4. Juli 1999 mit Metalldetektoren am Mittelberg bei Nebra unterwegs gewesen waren. Gegen 11 Uhr vormittags hatten die Sonden ausgeschlagen. Mit einem Zimmermannshammer hatten die zwei Männer begonnen, den Boden aufzureißen und waren dabei auf die Scheibe gestoßen. Dabei brachen sie ein Stück des goldenen Mondes heraus, ebenso einen Stern. Beides blieb

Mühsam rekonstruiert. Die Fundstelle auf dem Mittelberg.

erhalten und konnte wieder an das Rund angebracht werden. Die Schäden aber, die am Rand angerichtet wurden, bleiben irreparabel. Die Angaben der Schatzsucher führten die Archäologen zur Fundstelle, wo sie schnell das wiederverfüllte Loch fanden. Nach dem, was der Fundort noch zu interpretieren ließ, handelte es sich nicht um ein Grab, sondern um einen Hortfund, das heißt, jemand hatte die Schätze etwa 1500 v. Chr. im Erdreich vergraben.

In Jahrtausenden nie nennenswert besiedelt. Der Mittelberg bei Nebra mit der Fundstelle.

DER HIMMEL ÜBER NEBRA

Die Himmelsscheibe von Nebra ist in ihrer Form absolut einzigartig. Es existiert kein auch nur annähernd vergleichbares Stück, sodass sich die Forscher bei der Deutung der Darstellung auf Neuland begeben mussten. Fraglos handelt es sich um eine bildliche Wiedergabe des Himmels. Zu sehen ist einmal der zunehmende Mond und ein weiterer Goldkreis, der den Vollmond oder anderen Meinungen zufolge die Sonne darstellt.

Eine Häufung von sieben goldenen Punkten könnte den Sternhaufen der Plejaden im Sternbild Stier abbilden. Weitere 25 Punkte zeigen wohl ebenfalls Sterne, die aber nicht konkreten Sternbildern zugewiesen werden können. Zwei seitlich angebrachte Horizontbögen markieren Sonnen-

Zeichnerische Rekonstruktion des bronzezeitlichen Weltbildes anhand der Himmelsscheibe von Nebra.

auf- und -untergang an den Sonnwendtagen. Richtet man die Scheibe an der Fundstelle auf die markante Geländeerhebung des Brocken im Harz aus, zeigt sie wie ein Kalender diese Tage an. Ein dritter goldener Bogen wird als Barke oder Schiff gedeutet, ein mythologisches Symbol, das auch aus den Mittelmeerkulturen und der nordischen Bronzezeit bekannt ist. Es trägt Sonne und Mond zwischen den Horizonten. Die Darstellung der Winkel zur Bemessung der Wendetage des Jahres ist ziemlich genau und spricht für ein hochstehendes astronomisches Wissen der Schöpfer der Scheibe. Die Sonnenbarke lässt vermuten, dass die Erschaffer in kulturellem Austausch mit anderen Regionen standen und in der Lage waren, ihren Alltag zu hinterfragen. Einer neuen Theorie zufolge kann man bei der Interpretation sogar noch weiter gehen. Die Anordnung der Goldauflagen lasse die Nutzung der Scheibe als „Lunisolarkalender" zu, d.h. die Menschen der Bronzezeit konnten sie verwenden, um Mond- und Sonnenjahr durch Einfügung von Schaltmonaten in Einklang zu bringen.

Zwar wusste man um die geistigen Leistungen, die die Gesellschaften des Mittelmeerraums im 3. vorchristlichen Jahrtausend hervorgebracht hatten, doch der schrift- und stadtlose Raum nördlich der Alpen hatte bis dato weitgehend als kulturelles Ödland gegolten. Man kannte vereinzelte prachtvolle Fürstengräber aus dieser Zeit. So wurde im thüringischen Leubingen, also gar nicht so weit von der Fundstelle Nebra entfernt, ein Grabhügel mit reichlichen Beigaben entdeckt. Einen differenzierten Totenkult kannte die Zeit durchaus, aber so detaillierte naturwissenschaftliche und philosophische Kenntnisse hatte man unseren Vorfahren nicht zugetraut.

Die Darstellungen auf der Himmelsscheibe wurden nicht gleichzeitig angebracht, sondern durchliefen verschiedene Phasen. Zunächst waren wohl nur Sonne, Mond und Sterne zu sehen. Später kamen die Horizontbögen und zuletzt die Barke hinzu. Die lange Nutzungszeit spricht dafür, dass die Scheibe selbst für ihre Besitzer von höchstem Wert war und weitergegeben wurde. Warum sie mit den anderen Funden vergraben wurde, kann nur vermutet werden. Vielleicht hatte sie ihre Bedeutung verloren oder sie sollte in einem Versteck geschützt werden. Da der Mittelberg nie besiedelt wurde, überstand sie die Jahrtausende und erhielt sich so als Verbindung in eine Zeit, über die die Forscher noch immer wenig wissen. Für Sachsen-Anhalt erwies sich der Fund als Glücksfall, denn er brachte enorme Aufmerksamkeit und wirkt zunehmend als Tourismusmagnet.

Für die Finder allerdings wurde die Himmelsscheibe noch nach Jahren zum Verhängnis. Wegen Fundunterschlagung und Hehlerei wurden sie 2003 schuldig gesprochen und zu mehrmonatigen Bewährungsstrafen verurteilt.

TOURISTISCHE HINWEISE

An der Fundstelle ermöglicht ein Aussichtsturm, der zugleich Zeiger einer riesigen Sonnenuhr ist, den unverstellten Blick auf die Geländemarken der Umgebung, an denen die bronzezeitlichen Meister den vermeintlichen Gang der Gestirne verfolgten.
Das Besucherzentrum „Arche Nebra" am Fuß des Mittelbergs erklärt den Jahrhundertfund multimedial: **www.himmelsscheibe-erleben.de**
Die Himmelsscheibe selbst ist im Landesmuseum für Vorgeschichte in Halle/Saale zu besichtigen: **www.lda-lsa.de**

DAS DRAMA VON EULAU

WER TÖTETE DIE ÄLTESTE FAMILIE DER WELT?

Als die Mörder im 3. Jt. v. Chr. das kleine Dorf bei Eulau überfallen, geht wohl alles rasend schnell. Zurück bleiben 13 Tote, die kurz darauf liebevoll bestattet werden. 4500 Jahre später die beispiellose Entdeckung: Niemals zuvor gab es einen solchen Fund, es sind die ältesten Familiengräber auf unserer Erde. Doch wer waren die Täter? Lässt sich der Kriminalfall noch klären? Eigentlich unmöglich, doch ein Expertenteam ermittelt in einem Steinzeitkrimi, der weltweit für Schlagzeilen sorgt.

EIN GRAB, DAS ZU TRÄNEN RÜHRT

Querschneidige Pfeilspitze, die beim Überfall verwendet wurde.

Als er an einem warmen Sommertag im Juni 2005 zum ersten Mal sieht, wie fürsorglich die beiden Erwachsenen mit ihren zwei Kindern Arm in Arm miteinander verschlungen in ihrem Grab liegen, muss auch Robert Ganslmeier schlucken. Noch nie hat der renommierte Archäologe den Ausdruck einer solch innigen Liebe nach dem Tod gesehen. Noch kann er nicht ahnen, dass der Fund von Eulau wenige Jahre später zu einer der größten wissenschaftlichen Entdeckungen unseres Jahrtausends gezählt wird. Insgesamt finden die Archäologen rund um Harald Meller und Robert Ganslmeier 13 Skelette in mehreren Gräbern an den Ufern der Saale, sie alle stammen, wie sich mit Radiokarbonmessungen belegen lässt, aus dem 3. Jt. v. Chr.

In dieser Zeit sind Mitteleuropa und Mitteldeutschland von großen Veränderungen geprägt. Viele Stämme machen sich in einer ersten Völkerwanderung auf in eine ungewisse Zukunft, sie sind auf der Suche nach einer neuen Heimat. Es sind Bauern, die neues Land für ihre Familien und ihre Tiere suchen, manche treibt auch die Suche nach begehrten Metallen, wie dem wertvollen Kupfer, hinaus in neue unbekannte Regionen.

STECKBRIEF

Zeitstellung: Jungsteinzeit, 3. Jt. v. Chr.
Entdeckt durch: Harald Meller (Landesamt für Denkmalpflege und Archäologie Sachsen-Anhalt) bei einer Luftbildprospektion im Rahmen einer archäologischen Rettungsgrabung
Grabung: Robert Ganslmeier (Landesamt für Denkmalpflege und Archäologie Sachsen-Anhalt)
Größe der Grabung: 14 ha
Menge der Fundstücke: ca. 4000
Funde: mehrere außergewöhnliche Gräber mit Beifunden, 13 Skelette (acht Kinder, drei Frauen, zwei Männer)

Bald stellt sich heraus, dass die Opfer zu den Schnurkeramikern gehören, einer Volksgruppe, die nur wenige Jahrhunderte zuvor vermutlich aus dem Osten Europas nach Mitteldeutschland zugewandert war. Sie leben mit ihren Rindern, Ziegen und Schafen überwiegend in kleinen Dörfern, meist in Einzelgehöften.

Die Schnurkeramiker von Eulau kamen aus dem Osten Europas: Sie lebten als Bauern und von der Jagd.

Doch wer waren die Täter, die offenbar in rasender Wut, mit äußerster Brutalität in ihrem Morden auch vor Kindern nicht haltgemacht haben? Vor wenigen Jahren wäre eine solche Fragestellung noch absurd gewesen, doch mithilfe modernster wissenschaftlicher Methodik macht sich Harald Meller, Landesarchäologe von Sachsen-Anhalt, mit einem internationalen Forscherteam daran, diesen Jahrtausendkrimi akribisch aufzuarbeiten. Unter ihnen auch ein Profiler des Bundeskriminalamts.

EIN OST-WEST-KONFLIKT IN DER STEINZEIT?

Schon bei der ersten „Tatortanalyse“ zeigen sich Besonderheiten. Schnell wird den Forschern klar, dass die Angreifer damals auf eine schutzlose Gruppe getroffen sein müssen: Neben den Frauen und Kindern waren offenbar nur die beiden älteren Männer im Dorf verblieben, die dem Anschlag ebenfalls zum Opfer fielen. Bereits kurz nach dem Massaker an den 13 Menschen müssen die übrigen Dorfbewohner aber zurückgekehrt sein. Nur so erklärt sich die besondere Beerdigung im Familienverband – und das Fehlen jedweder Verbissspuren, die in Anbetracht der Vielzahl von

Wildtieren eigentlich zu erwarten gewesen wären. Ein erster Täter-Verdacht wendet sich, nicht zuletzt aufgrund der von den Angreifern eingesetzten Bogenwaffen, einer anderen Einwanderergruppe zu, die in dieser Zeit erstmals den Weg aus Spanien und Portugal bis nach England, aber auch nach Mitteldeutschland fand: Glockenbecher-Menschen.

Dieses Reitervolk zeichnete sich durch wirkungsvolle Reflexbögen aus und wusste um die Verarbeitung jenes geheimnisvollen Metalls, das im 3. Jt. Macht und Ansehen verlieh. Die Glockenbecher-Menschen waren Kupferspezialisten. Ein entscheidender Überlebensvorteil in einer Epoche, die nach diesem Metall benannt wurde.

Es ist der bislang älteste Nachweis einer Kleinfamilie auf unserer Erde. Die beiden Söhne (ca. 4–5 bzw. 8–9 Jahre alt) liegen dem Vater (ca. 50–60 Jahre alt) und ihrer Mutter (40–50 Jahre alt) eng zugewandt. Ein Sinnbild von inniger Vertrautheit und Liebe.

Neben den Pfeilspitzen liefert das breitschneidige Beil der Schönfelder Kultur ein weiteres klares Indiz. Allein die Beilklingen der Schönfelder passen exakt zu den tödlichen Wunden der Opfer aus Eulau.

Andererseits gelten die Glockenbecher-Leute mit ihrem High-Tech-Wissen unter den Experten nicht gerade als blutrünstige Eroberer. So erlangte der berühmte Archer von Amesbury, auch er ein Glockenbecher-Mann, in seiner neuen Heimat England schnell hohes Ansehen, wie sein Grab in der Nähe von Stonehenge zeigt. Der metallkundige Auswanderer kam übrigens aus dem deutsch-schweizer Alpenraum, wie Knochenanalysen belegen.

Zudem stellen die Forscher auch im mitteldeutschen Raum ein eher friedliches Nebeneinander zwischen Glockenbecher-Menschen und Schnurkeramikern fest, die sich zwar im Bestattungsritus und wohl auch kulturell unterschieden, sich ansonsten aber wohl eher miteinander arrangierten. Schnell zeigt sich, dass ein steinzeitlicher „Ost-West-Konflikt“ zweier Zuwanderungsgruppen als Erklärung für das Massaker eher unwahrscheinlich ist.

Irgendetwas hatte man übersehen, vielleicht lag die Lösung ja doch im direkten Umfeld der Opfer, wie bei so vielen Familientragödien?

ZAHN UM ZAHN DEN TÄTERN AUF DER SPUR

Die folgende Tätersuche wird zu einem spannenden Puzzlespiel, bei dem sich zunehmend die Ergebnisse einzelner Forschungsgruppen zu einem überraschenden Gesamtbild fügen. Aufwendige molekulargenetische und biochemische Analysen zeigen nicht nur, dass die in den Gräbern liegenden Familienangehörigen direkt miteinander verwandt sind, eine Strontiumisotopenanalyse liefert zudem ein weiteres interessantes Ergebnis. So stellt sich heraus, dass die Frauen von Eulau dort nicht zur Welt gekommen sind. Die Detailanalysen deuten vielmehr darauf hin, dass sie vermutlich aus dem etwa 70 km entfernten Vorharz stammen. Diese neue Erkenntnis elektrisiert das Forscherteam. Eine heiße Spur. Denn in dieser Harzregion lebte zur damaligen Zeit das Volk der so genannten Schönfelder-Kultur, ein Stammesverband, der sich von den Schnurkeramikern und den Glockenbecher-Menschen nicht zuletzt dadurch unterschied, dass er seine Toten verbrannte. Zudem bildeten die Schönfelder, die sich über die Jahrhunderte offenbar mit keinem der Nachbarstämme vermischen wollten, einen Sperrriegel nach Norden.

Kurz darauf finden die Forscher weitere Indizien, die den Verdacht dann erhärten. So sind die in den Opfern gefundenen beiden Pfeilspitzen in Form und Bearbeitung praktisch identisch mit denen der Schönfelder. Zudem zeigen auch die an den Knochen entdeckten Beilhiebe, dass sie nur von den Beilen dieser Volksgruppe stammen können. Doch was war das Motiv? Wurden die Frauen und ihre Familienangehörigen von den eigenen Verwandten aus ihrer Heimatregion ermordet? Waren sie geraubt oder schlimmer noch, waren sie freiwillig mit ihren Männern an die Saale gezogen? Konnte man diese Schmach nur durch den Tod aller, einschließlich der Nachkommen tilgen?

Auch die Hallenser Archäologen und der erstmals hinzugezogene BKA-Experte Michael Baurmann können dies nicht mit letzter Sicherheit sagen, aber vieles deutet in einer schlüssigen Indizienkette darauf hin, dass es beim Tod der ältesten gefundenen Kernfamilie der Menschheit um viel mehr ging als nur um Landraub und Macht.

TOURISTISCHE HINWEISE

Präsentiert werden die Skelettfunde im Landesmuseum für Vorgeschichte in Halle, Sachsen-Anhalt. **www.lda-lsa.de**

VOM TATORT ZUM FUNDORT

„MOORA“, DAS MÄDCHEN AUS DEM MOOR

Ein grausiger Fund bei Torfstecharbeiten wird zum Beginn eines weiteren Archäologiekrimis. Wer ist die Leiche im Uchter Moor? Wie gelangte sie dorthin, und was können die sterblichen Überreste über die Todesumstände verraten? Was Kriminalbeamte beginnen, geht schon bald in die Hände der Archäologen über.

EINE LEICHE GIBT RÄTSEL AUF

Am Morgen des 6. September 2000 wird eine menschliche Leiche zufällig aus ihrem feuchten Grab gerissen. Die Stechmaschine im Uchter Moor im niedersächsischen Landkreis Nienburg frisst sich wie jeden Tag durch die Schichten und fördert große Stücke Torf zutage. Doch plötzlich entdeckt der Maschinenführer einen Menschenknochen und kurz danach ein Schädelfragment. Die alarmierte Polizei geht zunächst von einem Verbrechen aus. 30 Jahre zuvor war in der Nähe ein damals 16-jähriges Mädchen nach einem Diskobesuch verschwunden. Oder handelt es sich um die sterblichen Überreste des Besatzungsmitglieds eines amerikanischen Fliegers, der unweit der Fundstelle im Zweiten Weltkrieg abgestürzt war? Bei ersten Untersuchungen in der Gerichtsmedizin schließen die Pathologen aufgrund der Becken- und Schädelform schnell auf eine Frau. Vom Alter her könnte sie mit dem 1969 verschwundenen Mädchen übereinstimmen. Doch ein Abgleich mit dem Erbgut der Mutter macht klar: Die Leiche ist nicht die Gesuchte. Die Behörden kommen nicht weiter und legen daraufhin den Fall als ungeklärte Leichensache zur Seite. Jahrelang passiert nichts Neues. Bis 2005 die Torfarbeiten an der Fundstelle weitergehen und eine kleine, offenbar mumifizierte, sehr alt wirkende Hand ge-

STECKBRIEF

Zeitstellung: Vorrömische Eisenzeit, ca. 650 v. Chr.
Entdeckt durch: Führer einer Torfstechmaschine
Grabung: Niedersächsisches Landesamt für Denkmalpflege
Größe der Grabung: etwa 100 m² an der Fundstelle; Untersuchungsfläche etwa 70 km²
Funde: Moorleiche

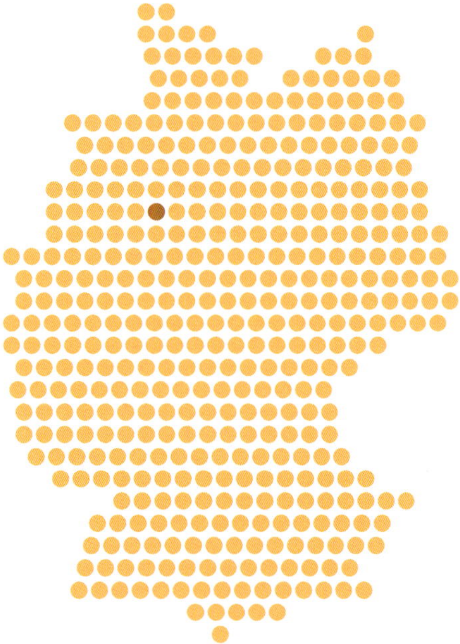

funden wird, die auf den ersten Blick zu den anderen Leichenteilen zu gehören scheint. Nun werden die Archäologen des Niedersächsischen Landesamtes für Denkmalpflege in Hannover hinzugezogen und sichern ihre Vermutung einer prähistorischen Zeitstellung durch eine Altersbestimmung mithilfe der Radiokarbonmethode ab. Körper und Moorumgebung ergeben eine spektakuläre Datierung: Die Leiche ist nicht weniger als 2650 Jahre alt. „Moora", wie das Mädchen fortan genannt wird, lebte in der vorrömischen Eisenzeit.

Die rund 2600 Jahre alte Hand von „Moora" wurde 2005 im Uchter Moor entdeckt.

OH SCHAURIG IST'S ÜBER'S MOOR ZU GEH'N

Der Fund von Moorleichen übt seit Jahrhunderten eine gruselige Faszination aus. Annette von Droste-Hülshoffs Gedicht vom „Knaben im Moor" gibt die Furcht vor dieser besonderen Landschaft bis heute ergreifend

„Mooras" sterbliche Überreste: Untersuchungen ergaben, dass das zierliche Mädchen ca. 1,50 m groß und 16 bis 19 Jahre alt war.

wieder. Die Moore hatten auch schon in prähistorischer Zeit eine Bedeutung als Hindernis, Grenze und Gefahrenquelle, als sakrale Landschaft, aber auch als wirtschaftlich nutzbarer Lebensraum. Für die Archäologie sind Moorleichen – makaber, aber wahr – seltene Glücksfunde. Das spezielle Milieu der Torfumgebung konserviert organisches Material derart gut, dass eine Leiche Jahrhunderte, sogar Jahrtausende nahezu unverändert erhalten bleiben kann. Zwar schrumpft die Haut zu einer ledrigen Struktur, doch können bei vielen Moorleichen sogar noch die individuellen Gesichtszüge erkannt werden. Während sich die Körper im feuchten Torf bräunlich bis schwarz verfärben, zeigen die Haare von Moorleichen meist eine fuchsrote Färbung.

Bis in die 1950er Jahre wurden beim Handtorfstich immer wieder Tote im Moor entdeckt, 120 Moorleichen sind in Deutschland Schätzungen zufolge insgesamt bekannt. Doch seit Beginn des industriellen Torfabbaus mithilfe großer Stechmaschinen und Fräsen werden die im Moor Versunkenen meist übersehen und einfach weggebaggert. „Moora" ist die erste geborgene Moorleiche seit mehr als 50 Jahren. Gleichzeitig ist sie eine der ältesten, die jemals in norddeutschen Mooren gefunden wurde. Doch die Datierung des Fundes allein ermöglicht keine Interpretation. Da in der vorrömischen Eisenzeit Feuerbestattungen üblich waren, sind unverbrannte menschliche Überreste äußerst selten. Die Moorleiche erlaubt damit punktuell einen faszinierenden Einblick in die prähistorische Lebenswelt.

„Mooras" Fundstelle im Uchter Moor.

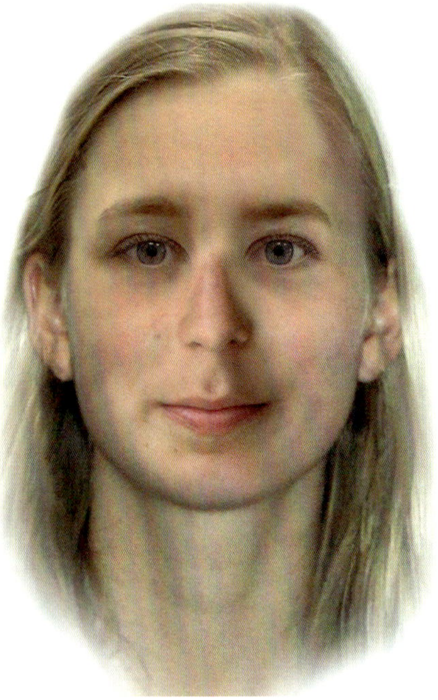

Einem modernen Teenager gar nicht unähnlich: Rekonstruktion von „Mooras“ Gesicht.

EIN SCHWERES TEENAGER-LEBEN

Die Mädchenleiche aus dem Moor wird zum Forschungsgegenstand der Spezialisten, die in ihr lesen können wie in einer alten Krankenakte. „Moora“ war etwa 1,46 m groß und 16 bis 19 Jahre alt, was „Mooras“ Zahnwurzeln verraten. Ihre Handfläche ist so gut erhalten, dass die Polizei sie heute noch erkennungsdienstlich behandeln könnte. Die Rillen ihres Daumenabdrucks verlaufen in einer Schleife, wie sie nur bei Europäern vorkommt. Genetisch war sie offenbar gesund, zumindest ergaben sich keine Hinweise auf eine krankhafte Veränderung des Erbgutes. Ihr linker Unterarmknochen weist eine deutlich größere Knochendichte auf als der rechte, „Moora“ war wohl Linkshänderin. An den Halswirbeln war die Knochendichte ungewöhnlich hoch, was darauf schließen lässt, dass das Mädchen oft schwere Lasten auf dem Kopf tragen musste. An den Schienbeinen zeigten sich so genannte Harris-Linien, Streifen von höherer Knochendichte, die auf Stresssituationen wie schwere Krankheiten oder Hungersnöte hinweisen, in denen das Wachstum vorrübergehend zum Stillstand kam. Die Untersuchung des Schädels ergab einen Tumor, der aber wohl gutartig war und nicht als Todesursache in Frage kommt. Auch eine Hirnhautentzündung scheint „Moora“ überlebt zu haben. Zwei Eindellungen in der Schädeldecke deuten auf einen Unfall oder aber Schläge mit einem schweren Gegenstand hin. Allerdings waren die Verletzungen ebenfalls noch zu Lebzeiten wieder verheilt. Diese Untersuchungsergebnisse lassen die Archäologen vermuten, dass „Moora“ nicht zu einer privilegierten sozialen Schicht gehörte, sondern ein Mädchen aus einfachen Verhältnissen war, dessen Leben entbehrungsreich und hart verlief.

„Mooras“ Schädel war bei der Bergung stark beschädigt worden, doch waren die Fragmente noch vollständig genug, um eine Rekonstruktion der Gesichtszüge zu versuchen. Fünf Wissenschaftler übernahmen diese schwierige Aufgabe unabhängig voneinander und rekonstruierten trotz aller Unterschiede ein überraschend ähnliches Gesicht. Zunächst wurde der Schädel per Computer dreidimensional wieder zusammengesetzt, rückgeformt und um die fehlenden Stücke ergänzt. Die daraus entstehende Replik des knöchernen Schädels wurde nun auf der Basis von Erfahrungswerten um die Weichteile erweitert. Am Ende blickt ein junges, durchaus hübsches Mädchen aus runden Augen über hohen Wangenknochen fragend in die Welt. Ob „Moora“ wirklich so aussah, wie die Wissenschaftler annehmen, wird sich nie beweisen lassen, und doch ist die Rekonstruktion ihres Gesichtes ein faszinierendes Zeitfenster in die Eisenzeit. Dass man keine Kleidungsstücke fand, könnte übrigens der Tatsache geschuldet sein, dass das Mädchen in Leinenstoffe gehüllt war. Diese wären, anders als z. B. Wolle, vollständig vergangen.

„MOORAS“ LETZTES GEHEIMNIS

Doch so detailliert die Forschungsergebnisse auch waren, ein letztes Geheimnis ist dem Mädchen aus dem Moor noch geblieben: Warum und wie sie starb, das können die Wissenschaftler (noch) nicht sagen. Als Todesursache für ur- und frühgeschichtliche Moorleichen kommt ein Unfall, Tötung als Bestrafung oder Opfergabe oder Bestattung in Betracht. Wahrscheinlich gehörte „Moora“ einfach zu den Unglücklichen, denen ein Fehltritt im Moor zum Verhängnis geworden war. Dafür spricht die paläoökologische Rekonstruktion der heute völlig veränderten Landschaft, die den Fundort zur Todeszeit „Mooras“ als einen nur schwer zu überwindenden, besonders sumpfigen Bereich des Moors ausweist.

TOURISTISCHE HINWEISE

Die Moorleiche „Moora“ ist derzeit noch Forschungsgegenstand und daher nicht im Original ausgestellt.
Die aktuellen Untersuchungsergebnisse werden in einer Ausstellung im „Tor zum Moor“ in Diepenau-Essern am südlichen Rand des Uchter Moores präsentiert, darunter auch die Gesichtsrekonstruktionen. Die mit dem Moorinformationszentrum kombinierte Torfbahn erschließt das 3263 ha große Naturschutzgebiet Uchter Moor und führt auch zur Moora-Fundstelle.
www.moorbahn-uchter-moor.de
Zum Mooraprojekt: **www.archaeologieportal.niedersachsen.de/moora**

BERGUNG XXL

EIN 80-TONNEN-KELTENGRAB AUF DEM TIEFLADER

Seit Jahrzehnten fördern die Archäologen in Baden-Württemberg aufregende Entdeckungen aus der Keltenzeit zutage. Doch bei den Grabungen im Winter 2010 im Kreis Sigmaringen ist den Forschern eine außergewöhnliche und wissenschaftlich herausragende Entdeckung gelungen – das unberaubte Grab einer keltischen Fürstin.

DAS GRAB IM MAISFELD

Die kleine Gruppe der eingeladenen Journalisten staunte nicht schlecht, als an dem kalten Wintermorgen im Dezember 2010 zwei riesige Schwerlastkräne auf den Acker bei Herbertingen im südlichen Baden-Württemberg fuhren. Das Regierungspräsidium Stuttgart hatte in der Einladung zwar auf die Großblockbergung eines Grabs aus der Keltenzeit hingewiesen, dass es sich aber um ein gigantisches 80-Tonnen-Grab handeln würde, war für die meisten dann doch eine überdimensionale Überraschung. Insgesamt 14 Stahlrohre, die mit ausreichender Pufferzone unter dem Grab hindurchgetrieben wurden, sicherten die Unterseite der Grabkammer. Ein Rahmen aus Stahlplatten stützte die Seitenwände. In nur 10 Minuten hob ein Spezialkran das Grab mit 40 m^3 Erdmasse auf einen Tieflader, auf dem die archäologische Attraktion mit einer Polizeieskorte in achtstündiger Schleichfahrt in ein Labor nach Ludwigsburg geschickt wurde.

Obwohl für den Laien auf der unscheinbaren Ackerfläche nichts auf ein bedeutendes Grab oder gar eine Siedlung hindeutet, ist die Gegend um die Heuneburg im Kreis Sigmaringen für Archäologen schon seit Jahrzehnten

STECKBRIEF

Zeitstellung: Frühe Eisenzeit, um 600 v. Chr.
Entdeckt und Grabung durch: Landesamt für Denkmalpflege Baden-Württemberg
Größe der Grabung: Bergung des Kammerschachtgrabs von 5 × 4 m
Menge der Fundstücke: schon jetzt mehr als ein Dutzend
Funde: vier gerippte Perlen aus Gold, eine 11,3 cm lange Kahnfibel aus Gold, eine konische Bernsteinperle, zwei reich verzierte kugelförmige Goldanhänger, Trachtbestandteile aus Bernstein und drei schmale Gagatringe, ein Eberzahn, der mit Metallblech eingefasst ist, Knochenreste

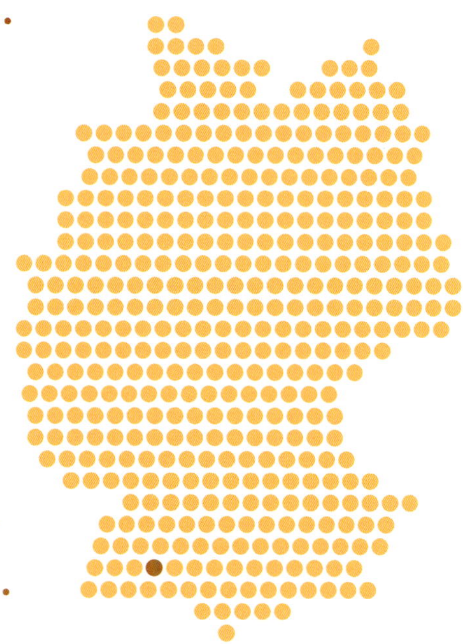

ein Ort aufregender Entdeckungen. Die Heuneburg gilt als einer der Entstehungsorte der keltischen Kunst und Kultur. Die bisherigen Ausgrabungsbefunde lassen keinen Zweifel daran, dass sich hier zwischen ca. 620 und 480 v. Chr. eines der bedeutendsten Siedlungs-, Wirtschafts- und Machtzentren der älteren Eisenzeit befand, das weit reichende Beziehungen bis nach Etrurien und zu den griechischen Kolonien unterhielt. Bis zu 5000 Menschen lebten hier auf einem Gebiet von ungefähr einem Quadratkilometer. In den Anfängen um 620 v. Chr. war die Siedlung zunächst eine Ansammlung von Bauernhöfen, dann entstanden eine Burg und ein stadtähnliches Zentrum. Herodot schrieb im 5. Jh. v. Chr. von einer Stadt namens Pyrene, die an der Donau im Land der Kelten liege. Damit meinte der griechische Chronist vermutlich die Heuneburg. Ein großer Brand zerstörte diese große Ansiedlung, niemals wieder wurde die Anhöhe oberhalb der Donau anschließend wieder dicht bebaut – dadurch blieben die keltischen Überreste im Boden erhalten.

Der fein verarbeitete Goldschmuck deutet auf eine Verbindung der Kelten zu den Etruskern.

DIE SYMPATHISCHEN WILDEN AUS GRAUER VORZEIT

Für Keltenforscher ist die Heuneburg eine unschätzbare Fundkammer eines Volkes, um das sich bis heute Legenden ranken. Von Anatolien bis nach Irland hinterließen die Kelten Spuren ihrer Kultur. Sie bauten Städte, trieben Handel und prägten Münzen, doch schriftliche Überlieferungen aus keltischer Feder gibt es nur wenige. Trotz vieler Fragezeichen sind die Kelten in der heutigen Verklärung so beliebt wie kaum ein anderes Volk. Oder vielleicht gerade deshalb? Die Kelten genießen einen guten Ruf, einen besseren als die „barbarischen" Germanen, was vielleicht auch an populären Comic-Helden liegt: Asterix und Obelix – Kelten in Gallien, mit unbeugsamem Willen. Tatsächlich hatten die Kelten ihre Druiden, die aus Mistelzweigen ein heilsames Gebräu herstellten. Wenn sie auch keine Superkräfte besaßen, immerhin lehnten sie sich gegen die erste Supermacht der Weltgeschichte auf und nahmen im Jahr 387 v. Chr. sogar Rom ein. Gegen das militärisch gut organisierte Rom setzten sie auf leidenschaftlichen Kampf. Wie erfolgreich sie waren, spiegelt sich auch in ihrem sagenhaften Reichtum wider, der sich 2000 Jahre später in den Gräbern ihrer Regenten und Herrscher fand.

Liegen lernen – mehrere Monate dauert die horizontale Feinarbeit im Labor.

2005 hatten Archäologen ganz in der Nähe der Heuneburg ein Kindergrab entdeckt, aus dem auch goldene Ohrringe und Fibeln geborgen wurden. Erst 2010 stellte sich heraus, dass dies „nur“ ein Nebengrab war und dass in der Hauptkammer möglicherweise die Eltern bestattet wurden. Unter großer Geheimhaltung legten der baden-württembergische Landesarchäologe Dirk Krausse und sein Team die Graboberfläche frei – in Sorge, Grabräuber könnten mit 2600 Jahren Verspätung doch noch zuschlagen. Dabei kamen erste verheißungsvolle Funde zutage. Schmuck aus Gold und Bernstein gaben den Archäologen eindeutige Hinweise auf die Beisetzung einer bedeutenden Persönlichkeit. Ob es sich möglicherweise um die Mutter oder den Vater des in der Nähe begrabenen zwei- bis vierjährigen Kindes handelt, war zum Zeitpunkt der Bergung noch unklar. Doch schon vor der Auswertung im Labor stand für den Grabungsleiter Krausse fest, dass dieses Grab einen Ausnahmefund darstellt: „Das Grab ist der wichtigste Fund aus der Zeit der Kelten in Baden-Württemberg seit

Das erste Grab, das nicht geplündert wurde: Die erhaltenen Grabbeigaben sind ein Meilenstein für die Rekonstruktion der Sozialgeschichte der Kelten.

Entstehungsort der keltischen Kultur als Rekonstruktion – die Heuneburg war um 600 v. Chr. eines der bedeutendsten Siedlungs-, Wirtschafts- und Machtzentren.

32 Jahren und ein Meilenstein für die Rekonstruktion der Sozialgeschichte der Kelten", sagte Krausse. Damit meinte der Archäologe aber nicht nur die erhaltenen Grabbeigaben – wissenschaftlich vielleicht noch wertvoller sind die ungewöhnlich gut erhaltenen Holzwände des Grabes. Der feuchte Boden nahe einem Bach hat das Holz so gut konserviert, dass eine genaue Jahresbestimmung des Begräbnisses möglich wird.

EIN LABOR FÜR DIE FÜRSTIN

Im heruntergekühlten Labor in Ludwigsburg wird seit Monaten jeder Quadratzentimeter des Grabinhalts mikroskopisch genau untersucht. Die Hoffnung der Archäologen und Restauratoren besteht darin, mit weiteren Artefakten und Befunden einen Einblick in die Welt der keltischen Oberschicht zu erhalten, einen Gesamtbefund, den es so bisher noch nie gab. Sehr vorsichtig tasten sich die Spezialisten durch den 4 × 5 m großen und knapp 1 m hohen Quader, den sie in Himmelsrichtungen und Quadranten unterteilt haben. So hat das Team um Restauratorin

Nicole Ebinger-Rist in der nordwestlichen Ecke des Keltengrabes ein Bronzeblech gefunden. Allerdings ist nur der Abdruck mit den geometrischen Zeichnungen erhalten. Die Restauratorin arbeitet im Liegen direkt über der Grabungsstelle mit einem großen binokularen Mikroskop, um das wertvolle Stück freizulegen. Mit einer Stachelschweinnadel kratzt sie vorsichtig an den Rändern, damit der 2 × 5 cm große Abdruck als Ganzes geborgen und restauriert werden kann. Auch Knochen werden gefunden und die Reste eines Schädels. Die Form verrät, dass es sich um eine Frau handelt. Dazu passen die erhaltenen Grabbeigaben, die wie durch ein Wunder nicht geraubt wurden: fein gearbeitete Goldperlen, die von den Archäologen „Christbaumkugeln" getauft wurden und große Ähnlichkeit mit den beeindruckenden Goldschmiedearbeiten der Etrusker haben. Vemutlich war es der wertvolle Halsschmuck einer frühkeltischen Fürstin, der den Goldohrringen aus dem zuvor gefundenen Kindergrab sehr ähnelt. Vieles deutet darauf hin, dass die hölzernen Grabkammern schon relativ bald nach dem Tod der Fürstin unter dem Druck des Grabhügels in sich zusammengestürzt sind. So kamen Grabräuber nicht an die wertvollen Beigaben der Mutter und ihres mutmaßlichen Kindes heran. Ob es sich wirklich um Mutter und Kind handelt, werden Anthropologen noch klären. Fest steht dagegen schon jetzt: Der phönizische und griechische Einfluss im heutigen Süddeutschland war bereits im 6. Jh. v. Chr. groß. Eine Erkenntnis, die die Kollegen der Klassischen Archäologie aufhorchen lässt. Denn Klassische Archäologen schauen inzwischen gebannt aus dem mediterranen Raum auf die Nordseite der Alpen, um unabhängig von den eigenen Erkenntnissen die griechische Antike genauer datieren zu können. Die Funde und Befunde aus dem Keltenblock geben der aktuellen Diskussion Nahrung, in der diese Chronologie im 6. und 7. Jh. v. Chr. neu justiert wird.

TOURISTISCHE HINWEISE

Das Keltenmuseum Heuneburg informiert über die Grabungen vor Ort. Zudem wurden im zugehörigen Freilichtmuseum an historischer Stätte mehrere originalgetreue Bauwerke wiedererrichtet. **www.heuneburg.de/keltenmuseum-heuneburg**

Den aktuellen Stand der Arbeiten am Keltenblock erfährt man unter **www.keltenblock.de**

BIS HIERHER UND NICHT WEITER

DER LIMES IN DEUTSCHLAND

Die Überreste der römischen Grenzbefestigung ziehen sich seit fast zwei Jahrtausenden durch die heutigen Bundesländer Rheinland-Pfalz, Hessen, Baden-Württemberg und Bayern. Mit 550 km Länge allein in Deutschland ist der Limes das längste Bodendenkmal Europas. Tatsächlich zieht er sich noch erheblich weiter, von den Britischen Inseln bis zum Schwarzen Meer. Lange galt er als Bollwerk gegen die Barbaren. Neue Forschungen verstehen den Limes eher als Zoll- und Wirtschaftsgrenze

VOR DEN DUNKLEN WÄLDERN GERMANIENS

Der Obergermanisch-Raetische Limes ist das wohl einzige deutsche Bodendenkmal, auf dem man eine Wanderung unternehmen könnte. Zwar hat die Zeit die Grenze über weite Strecken eingeebnet, doch vielerorts ist sie als Erderhebung erhalten geblieben und an einigen Stellen sind Türme, Kastelle oder Abschnitte mit Wall, Palisade oder Steinmauer wieder aufgebaut.

Wer gut zu Fuß ist, kann sich Kilometer um Kilometer in eine Zeit zurückversetzen, in der diese Linie die wichtigste Grenze Europas markierte. Wer sich diesseits befand, stand auf römischem Boden. Er genoss modernste Lebensart, Kultur und Köstlichkeiten. Er zahlte mit römischem Geld und unterwarf sich römischer Gesetzgebung. Jenseits der Grenze lag das Barbaricum, die Länder der germanischen Stämme. Nach römischer Lesart raue, ungehobelte Völker, die zwar ausdauernd trinken konnten, aber nichts von Dauer hervorbrachten. Die Römer fürchteten die dunklen Wälder Germaniens und ihre unheimlichen Bewohner, die sich zäh und widerborstig gegen die Eroberung und Eingliederung ins Römische Reich sperrten.

Raetischer Limes westlich von Erkertshofen, Lkr. Eichstätt. Der Schuttwall der Limesmauer ist von Hecken bewachsen und bildet noch heute eine durchlaufende Flurgrenze.

STECKBRIEF

Zeitstellung: Römerzeit, 1. bis 3. Jh.
Entdeckt durch: –
Forschungskoordination: Deutsche Limeskommission
Größe der Grabung: keine großflächigen Grabungen, Forschung so weit möglich mit nicht-invasiven Methoden wie z. B. Laserscanning
Menge der Fundstücke: nicht in Gesamtheit erfasst; schätzungsweise mehrere Tausend Einzelfunde
Funde: Hinterlassenschaften römischen und germanischen Militär- und Zivillebens

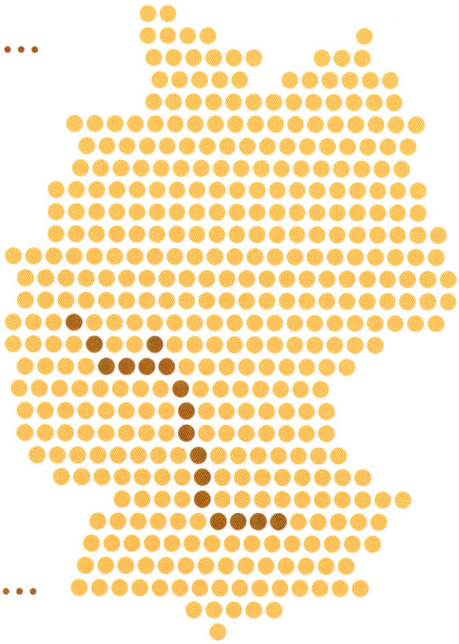

ARCHÄOLOGIE OHNE SCHAUFEL UND SPATEN

Keine deutsche Fundstätte hat eine längere Forschungsgeschichte als der Limes. Schon im 16. Jh. befassten sich Gelehrte mit der Historie des Bauwerks. Die systematische archäologische Untersuchung begann dann auf Betreiben Theodor Mommsens 1892 mit dem Aufbau der Reichs-Limeskommission. Es war das erste Projekt, das sich nach der Reichsgründung 1871 länderübergreifend mit der deutschen Geschichte beschäftigte. Später von der Römisch-Germanischen Kommission des Deutschen Archäologischen Instituts fortgeführt, wird die Limesforschung heute von der Deutschen Limeskommission koordiniert. Sie bereitete die Anerkennung des Limes als UNESCO-Welterbe vor, die 2005 Wirklichkeit wurde.

Dem damaligen Stand der Wissenschaft entsprechend konzentrierten sich die Archäologen im 19. Jh. vor allem auf Freilegung der Befunde und gelegentlich die Rekonstruktion. Ein Höhepunkt: die Wiedererrichtung des Kastells Saalburg im Taunus, deren namhafter Pate Kaiser Wilhelm II. war. Details würde man heute wahrscheinlich anders interpretieren, doch die Dokumentation des Limesverlaufes und zahlreicher Militärstützpunkte bleibt als das große Verdienst der frühen Wissenschaftler bestehen. Die heutige Archäologie kommt weitgehend ohne Schaufel und Spaten aus. Moderne Prospektionsmethoden können oftmals die Grabung ersetzen, die gleichzeitig ja auch die Zerstörung des Bodendenkmals bedeuten würde. So kann per Laserscanning aus der Luft ein dreidimensionales Profil der Bodenstruktur erstellt werden. Dicht bewachsene Regionen werden damit virtuell entwaldet und legen die Struktur des Limes bloß. Gezielte Grabungen beantworten immer neue Fragestellungen, die die Grenze zwischen Rom und der Germania Magna heute in ganz neuem Licht erscheinen lassen. So ergibt sich, Kapitel um Kapitel, die wechselvolle Geschichte einer Grenze, die Kulturen trennte und deren Folgen noch heute spürbar sind.

VORSTOSS NACH GERMANIEN

Nachdem Julius Caesar Gallien erobert hatte, rückte Germanien in den Fokus der römischen Interessen. Doch die Bevölkerung erwies sich als wi-

derspenstig, die Landschaft als tückisch und unwirtlich. Der Feldherr sah nach einigen Scharmützeln wohlweislich von weiteren Zügen ins germanische Gebiet ab. Die Germanen dagegen fielen immer wieder beutesuchend ins römische Gebiet ein. Um die Zeitenwende beschloss Kaiser Augustus, die offene Flanke der Provinz Gallien ein für alle Mal zu sichern. Ab 16 v. Chr. begannen die Römer den systematischen Ausbau der Grenzkastelle am Rhein. Mehrere Kriegszüge von Augustus' Stiefsohn Drusus drangen zwar tief in germanisches Gebiet vor und führten auch zu Bündnissen mit einigen germanischen Stämmen, eine dauerhafte Lösung aber konnte nicht gefunden werden.

Heute ein Touristenmagnet. An der Porta Praetoria der Saalburg im Taunus grüßt der Kaiser.

Experimentelle Archäologie. Moderne „Legionäre“ in rekonstruierter Ausrüstung.

Eine epochale Schlacht beendete die römischen Eroberungsversuche für lange Zeit. Die Niederlage des Feldherrn Varus, der mit drei kompletten Legionen den Horden des Cheruskers Arminius unterlag, war so traumatisch, dass die Römer sich von da an für mehrere Generationen mit dem Status Quo hinter Rhein und Donau begnügten. Das Reich war an seine politischen und militärischen Grenzen gestoßen und sicherte sie. Erst im fortgeschrittenen 1. Jh. n. Chr. begann man, die Flüsse zu überschreiten.

Unter Kaiser Domitian schlugen die Truppen Schneisen in die Wälder, um die Wege der Patrouillen zu erleichtern. Schritt für Schritt wurden nun festgelegte Grenzabschnitte erst mit Türmen überwacht, später mit Wall und Palisade befestigt. Ein Teil des Raetischen Limes und der Hadrianswall in England waren auch durchgehend gemauert. Hunderte Wachttürme standen jeweils auf Sichtweite und ermöglichten die lückenlose Beobachtung der Grenze. Nachrichten konnten so per Feuerzeichen oder Trompetensignal weitergegeben werden. Fiel der Gegner ins Reich ein, meldeten das die Grenztürme und die weiter im Hinterland gelagerten Truppen rückten aus, um den Feind zangenförmig zu umfassen und zu bekämpfen.

KEIN EISERNER VORHANG DER ANTIKE

Doch neben der Aufgabe eines militärischen Frühwarnsystems hatte der Limes, wie neuere Forschungen ergaben, noch vielfältige andere Aufgaben. So zeigten moderne Messungen, dass er über weite Strecken schnurgerade verläuft. Auf einer Länge von 80 km weicht der Limes in Baden-Württemberg nur 90 cm von der Ideallinie ab. Wie die römischen Baumeister das geschafft haben, stellt die Archäologen noch heute vor ein Rätsel. Hätte man die Grenze nach natürlichen topografischen Gegebenheiten verlaufen lassen, wäre ihr Ausbau deutlich leichter gewesen. Vielleicht sollte die hohe Ingenieurskunst den wilden Gegner auch einfach nur beeindrucken. Funde an den Wachttürmen und Kastellen zeigten zudem, welche logistische Perfektion die Grenzverwaltung im Lauf der Zeit entwickelt hatte. Die gesamte Ausrüstung und Einrichtung der Stützpunkte war weitgehend normiert. Wurde ein Soldat versetzt, fand er nahezu überall die gleichen Alltagsabläufe vor.

Doch vor allem kommen die Wissenschaftler mehr und mehr zu der Erkenntnis, dass der Limes weniger ein undurchdringliches Bollwerk, sondern vielmehr eine Zoll- und Wirtschaftsgrenze war. So fand man Nachweise römischen Lebens diesseits und jenseits der Grenze. Auch die Bewohner in den grenznahen Regionen östlich des Limes verfügten immer wieder über römisches Geld. Die Römer wiederum bezogen Waren von jenseits der Grenze. Blei beispielsweise kam aus dem Sauerland oder Bausteine vom Drachenfels. Wer die Grenze passieren wollte, konnte dies ohne große Behinderungen tun. Jedoch nur unter der Bedingung, sich von da an römischen Gesetzen zu unterwerfen. Wer dies verweigerte, galt als Eindringling und dann traf ihn unweigerlich die Wucht des römischen Militärpotenzials.

Als die Großmacht in den folgenden Jahrhunderten dem Druck der Fremden immer weniger entgegenzusetzen hatte, verlor der Limes seine militärische Bedeutung. Die kulturelle ist bis heute geblieben.

TOURISTISCHE HINWEISE

An zahlreichen Orten in Deutschland informieren Museen und Hinweistafeln über die Geschichte des Limes.
Verein Deutsche Limes-Straße:
www.limesstrasse.de
Das größte Informations- und Erlebniszentrum befindet sich im Limesmuseum Aalen:
www.limesmuseum.de

ROMS VERGESSENER FELDZUG

DAS SCHLACHTFELD AM HARZHORN

Arminius besiegte im Jahre 9 n.Chr. die römischen Legionen des Feldherrn Varus und vertrieb damit die Römer für immer aus Germanien. So steht es in jedem Schulbuch. Aber stimmt das überhaupt? Eine spektakuläre Grabung auf dem Harzhorn in Niedersachsen fördert die Reste einer Schlacht zwischen Römern und Germanen zutage, die mehr als 200 Jahre nach der Varusschlacht stattfand.

EIN SELTSAMES METALLOBJEKT IM WALDBODEN

Eigentlich hatten die beiden Sondengänger eine mittelalterliche Burg gesucht. Einer Sage nach sollte sich eine solche auf dem Harzhorn befinden, einem bewaldeten Bergkamm bei Northeim am westlichen Rand des Harzes. Tatsächlich stießen Winfried Schütte und Rolf Peter Dix im Jahr 2000 auf metallene Gegenstände im Wald, darunter eine Schaufel und mehrere eiserne Projektile. Ein seltsam geformtes Metallobjekt interpretierten sie als mittelalterlichen „Leuchter". Doch langsam dämmerte den Hobbyarchäologen, die mit ihrer Sondierungsaktion gegen das Denkmalschutzgesetz verstoßen hatten, dass sie etwas anderes, weit Bedeutenderes in Händen hielten. Winfried Schütte fasste sich ein Herz und zeigte Petra Lönne, was er da gefunden hatte. Die Kreisarchäologin war wie elektrisiert. Der vermeintliche Leuchter war eine „Hipposandale", also ein römischer Hufschutz für Pferde oder Maultiere. Gemeinsam mit Kollegen vom Niedersächsischen Landesamt für Denkmalpflege und einer Gruppe vertrauenswürdiger Sondengänger wurde das Gebiet großflächig abgegangen. Noch kein Wort über eine römische Fundstelle durfte an die Öffentlichkeit dringen. Zu groß war die Gefahr, dass Heerscharen von Raubgrä-

STECKBRIEF

Zeitstellung: Römische Antike, ca. 235 n.Chr.
Entdeckt durch: Hobbyarchäologen, Kreis- und Landesarchäologie
Grabung: Niedersächsisches Landesamt für Denkmalpflege, Kreisarchäologie Northeim, Freie Universität Berlin, Universität Osnabrück, Historisches Museum Frankfurt
Größe der Grabung: mehrere Quadratkilometer
Menge der Fundstücke: einige Tausend
Funde: militärische Hinterlassenschaften vorwiegend römischer Provenienz

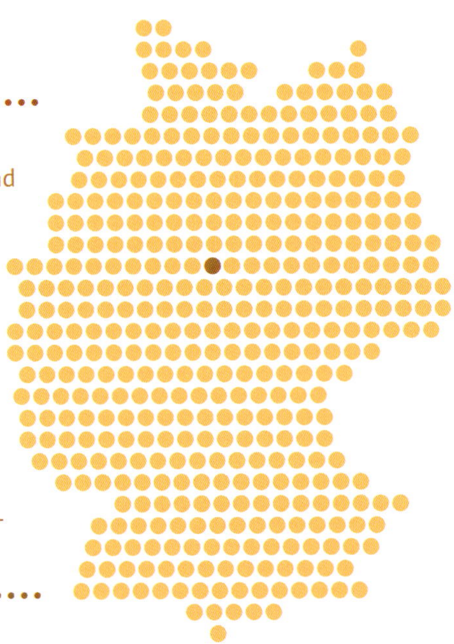

bern über das riesige Areal herfallen würden. Die monatelange systematische Prospektion war ein voller Erfolg: Ein Metallgegenstand neben dem anderen lag dicht unter der Erdoberfläche. Geschossspitzen, Schuhnägel, Münzen – und alle römischen Ursprungs. Was konnte das sein? Ein unentdecktes Römerlager aus der Zeit der römischen Feldzüge um Christi Geburt? Diese Möglichkeit schied schnell aus, denn die zahlreich gefundenen Münzen datierten das Geschehen auf eine ganz andere, viel spätere Zeit. Einige Geldstücke zeigten Kaiser Severus Alexander, der Rom von 222 bis 235 n. Chr. regierte. Die jüngste gefundene Münze datiert in das Jahr 228 n. Chr., das heißt: Die Römer können frühestens in diesem Jahr hier gewesen sein. Und um die Sensation perfekt zu machen: Viele der gefundenen Waffen zeigten Spuren harten Kampfeinsatzes. Also waren die Archäologen auf kein römisches Lager, sondern auf den Schauplatz eines heftigen Gefechts gestoßen.

Durch diese Senke mussten sie kommen. Das Harzhorn erhebt sich am Schnittpunkt der Verkehrswege.

DIE GESCHICHTE MUSS NEU GESCHRIEBEN WERDEN

Römer in Germanien im 3. Jh. n. Chr.? Das konnte es doch gar nicht geben, denn jedes Schulkind lernt, dass „Hermann der Cherusker" die Römer 9 n. Chr. ein für alle Mal hinter den Limes vertrieb. Eine Sensation bahnte sich an, und die systematischen Geländebegehungen und Grabungen am Harzhorn fördern seither immer eindeutigere Belege, dass römische Legionen offenbar weit nördlich des römischen Grenzwalls im 3. Jh. eine große Schlacht gegen die Germanen geschlagen hatten, die bislang völlig unbekannt war. Zwar wusste man, dass es vereinzelt immer wieder kriegerische Aktionen des römischen Militärs jenseits des Limes nach Norden und Osten gegeben hatte, um gegen die ständigen Einfälle der Germanen ins Reich vorzugehen, doch niemand ahnte bisher, dass solche Expeditionen bis in den Harz reichten. Heute wird sogar vermutet, dass die Römer auf der Rückkehr von einer militärischen Operation in die Elbregion waren, in der sie germanische Siedlungen angegriffen hatten, und am Harzhorn auf eine Wegsperre der Germanen trafen. Diese hatten sich für die

Pausenloses Piepsen. Sondengänger markieren die potenziellen Fundstellen auf dem Harzhorn.

Blockade des römischen Marschweges eine geostrategisch perfekte Situation ausgesucht. Zwischen der Erhebung des Harzhorns im Westen und unwegsamem Bergland im Osten blieb den Römern nur dieser einzige Weg, um schnurstracks hinter den Limes zurückzukehren. Auch heute verlaufen hier, in einer kaum 300 m breiten Senke, die Verkehrsadern: die A 7 und die B 248. Für die Germanen war offensichtlich, dass die Römer hier und nirgendwo anders entlangkommen würden, und so sperrten sie die Passage einfach ab. Dann scheint sich eine dramatische Auseinandersetzung abgespielt zu haben, in deren Verlauf die Römer die waffentechnisch unterlegenen Germanen auf einem Bergkamm zunächst ausflankierten und dann an mehreren Stellen den Durchbruch erzwangen. Über mehrere Kilometer kam es zu kleineren und größeren Gefechten, bis die Römer schließlich siegreich nach Süden abzogen.

Maximinus Thrax (geb. ca. 173 n. Chr. – gest. 238 n. Chr.): Er war der erste der so genannten Soldatenkaiser.

EINE STUNDE DER VERGANGENHEIT

Die Untersuchung am Harzhorn birgt eine besondere Herausforderung. Denn nicht Ereignisse aus Jahren oder Jahrzehnten haben sich im Boden abgebildet, sondern ein einziges Geschehen, das möglicherweise nur wenige Stunden gedauert hat. Doch der Ort bietet auch besondere Chancen. So wurde das Harzhorn in zwei Jahrtausenden nicht bebaut und größtenteils nicht einmal für Ackerbau benutzt. So wie die Hinterlassenschaften der Schlacht zu Boden fielen, liegen sie noch heute. Zudem sorgt Kalkstein für ein basisches Milieu im Boden, das die Metallfunde besonders gut konserviert. Wie in einer Zeitkapsel hat sich die Schlacht erhalten. Speer-, Pfeil- und Katapultspitzen stecken im Kalkstein und ermöglichen es, die Standorte der Angreifer zu ermitteln, die einst ihre tödlichen Projektile in Richtung des Gegners schossen. Ein Areal von mehreren Quadratkilometern ist für Archäologen alles andere als normal. Riesige Flächen müssen sondiert und kartiert werden, Tausende Fundstücke dokumentiert und zu einer sinnvollen Interpretation zusammengeführt werden. Hier zeigt sich einmal mehr sehr deutlich, dass Detektorfunde ihre historische Aussage erst im präzise dokumentierten Fundzusammenhang preisgeben. Dort, wo sich römische Pfeilspitzen häufen, kann man von einer germanischen Stellung ausgehen. Die Ansammlung von römischen Schuhnägeln lässt darauf schließen, dass das Kampfgeschehen für eine längere Zeit an einem Ort feststeckte. Dreiflügelige Pfeilspitzen könnten die Beteiligung orientalischer Bogenschützen belegen, wie sie für die militärischen Expeditionen des Kaisers Maximinus Thrax in eben dieser Zeit auch schriftlich zu belegen ist. Achsnägel, Wagen- und Jochteile sowie Hipposandalen sprechen dafür, dass die römischen Einheiten so zahlreich waren, dass sie einen Tross mit sich führten. Reste von Ausrüstungsteilen wie Zeltheringe weisen ebenso auf eine imposante Größe des Heeres hin wie die Projektile der Katapulte. Tödliche Waffen wie den „Scorpio", ein transportables Torsionsgeschütz für mit Katapultbolzen armierte Pfeile, führte nur eine große Einheit mit sich.

Seit 2008 tastet sich die Grabung Meter für Meter über den Höhenzug und häuft immer größere Fundmengen an. Denn das Schlachtfeld wurde offenbar nie geplündert, wie es sonst üblicherweise geschah. Waffen, Münzen und Ausrüstungen waren viel zu wertvoll, um sie am Boden verrotten zu lassen. Ergänzt werden die Untersuchungen durch gezielte Grabungen, bei denen beispielsweise ein im Gefecht getötetes Pferd entdeckt wurde. Dass am Harzhorn vieles liegen blieb, könnte einen magischen Grund haben: Die Germanen unterlagen in der Schlacht – und das Gebiet galt als tabuisiert. Sollte es sich wirklich um einen Fluch gehandelt haben,

Knapp unter der Oberfläche: Ein Archäologe markiert die Funde auf dem Kalkstein.

Identität entlarvt. Archäologin Petra Lönne präsentiert die Axt mit der Inschrift: „Leg IIII".

ist er heute ein Segen, denn noch nie hat sich der Archäologie ein Schlachtgeschehen so intakt erhalten. Zwangsläufig bedeutet dies eine Neuinterpretation der historischen Situation des 3. Jh. n. Chr. in diesem Gebiet. Die Grabung überliefert ein Geschehen, für das es kaum schriftliche Belege gibt. Herodian berichtet von einem Feldzug des Kaisers Maximinus Thrax, der 235 n. Chr. tief in germanisches Gebiet eindrang und dort in einer Schlacht „in einem Moor" kämpfte. Möglicherweise war es die Schlacht am Harzhorn, die damit gemeint war. Ein spektakulärer Fund 2011 bestätigte schließlich, was bis dahin nur zu vermuten war. Die Restaurierung einer römischen Pionieraxt legte eine Inschrift frei, die die kämpfende Legion mit ihrem Beinamen „flavia severiana alexandriana" eindeutig benennt: „LEG IIII ...", diese vierte Legion also war es, die in Singidunum, dem heutigen Belgrad, stationiert war.

Es war eben jene Legion, die Kaiser Severus Alexander tötete und Maximinus Thrax zu dessen Nachfolger erhob. Einige Tausend, vielleicht über 10 000 Menschen, so vermuten die Forscher, haben am westlichen Harzrand gekämpft. Auf wessen Befehl die Römer hörten, weiß man nun mit ziemlicher Sicherheit, doch welchem Anführer die Germanen folgten, ist nach wie vor ein faszinierendes Rätsel, dem sich die beteiligten Archäologen mit Leidenschaft widmen.

TOURISTISCHE HINWEISE

Die fragilen Fundstücke vom Harzhorn werden zurzeit restauriert und sind noch nicht zu besichtigen. Eine große Landesausstellung zum Harzhorn im Braunschweigischen Landesmuseum ist in Vorbereitung. Das Schlachtfeld kann unter sachkundiger Führung zertifizierter „Harzhorn-Guides" besucht werden.
www.roemerschlachtamharzhorn.de/besucher-information.html

DIE LÄNGSTE GRABUNG DEUTSCHLANDS

EINE GAS-PIPELINE WIRD ZUM SCHNITT DURCH DIE GESCHICHTE

Die Erdgas-Leitung vom russischen Vyborg nach Deutschland ist das größte Pipelineprojekt Europas. Beim Bau der Nordeuropäischen Erdgasverbindung werden regelmäßig archäologische Schätze entdeckt. Es ist die einzigartige Chance, einen repräsentativen Querschnitt durch die jahrtausendealte Kulturlandschaft zu gewinnen.

ARCHÄOLOGEN IM WETTLAUF MIT DEN PIPELINE-INGENIEUREN

Alles begann mit einer Männerfreundschaft. Bereits 2005 unterzeichneten der damalige Bundeskanzler Gerhard Schröder und Russlands Premierminister Wladimir Putin einen Vertrag, der das größte Pipelineprojekt Europas besiegelte: die Verlegung von über 1200 km Rohre für eine Gas-Pipeline quer durch die Ostsee und weiter durch Deutschland. Nach der Fertigstellung sollen 55 Milliarden Kubikmeter Erdgas im Jahr zu den Verbrauchern strömen. 26 Millionen Haushalte werden dann ihren Gasbedarf aus Russland decken – ein Mega-Projekt. Wirtschaftlich, politisch und sogar archäologisch. Wohl ohne es zu wissen hatte der Kanzler eine der größten Grabungskampagnen ausgelöst, die es jemals in Europa gab – eine deutsche Supergrabung. Überall, wo die Stahlrohre in der Erde verlegt werden, muss der Boden zunächst von den Archäologen auf Spuren unserer Vorfahren untersucht werden. Als im April 2010 der Startschuss zum Bau fiel, begann für die Archäologen in Niedersachsen, Mecklenburg-Vorpommern, Brandenburg und Sachsen ein Rennen gegen die Zeit.

STECKBRIEF

Zeitstellung: von Eiszeit (ca. 12 000 Jahre) bis Neuzeit (18. Jh.)
Entdeckt durch: systematische Untersuchungen beim Pipelinebau
Grabung: Niedersächsisches Landesamt für Denkmalpflege, Grabungsfirmen
Größe der Grabung: entlang der Pipeline-Trasse ca. 200 km lang und ca. 30 m breit, insgesamt 7 km^2
Menge der Fundstücke: mehrere Tausend
Funde: Bestattungen mit Beigaben, Siedlungsfunde, Goldmünzen, „Venus von Bierden", prähistorischer Hortfund

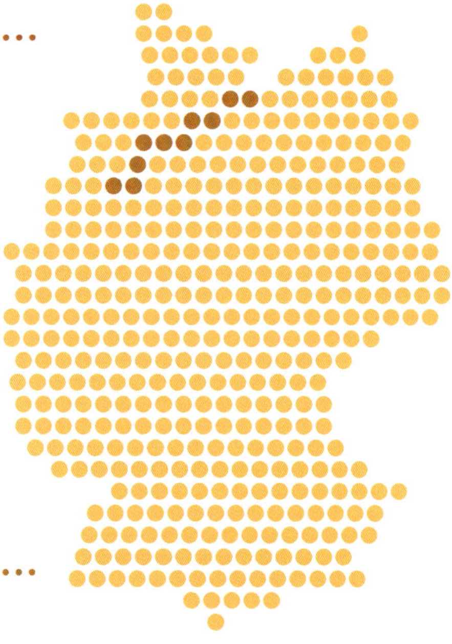

Oft liegen die riesigen Rohre schon wenige Meter neben einer Grabung bereit, um sofort verbaut zu werden, sobald die Archäologen eine Fläche freigegeben haben. Die Wissenschaftler haben die einmalige Chance, einen Schnitt durch ganze Bundesländer zu legen, gleichzeitig ist dies aber auch im komplexen Bauablauf eine logistische Meisterleistung. Die „Schwerpunkte" für umfangreichere Grabungen müssen schnell gesetzt werden, denn wenn die Bulldozer kommen, ist alles für immer zerstört. Und auf jedem Meter können Überreste der Geschichte versteckt sein. Die Uhr tickt für die Archäologen, jeden Tag kommt die Pipeline voran. Gazprom hat es eilig – denn das erste Gas für 2012 ist bereits verkauft.

Goldrausch in Niedersachsen – in der Trasse liegt Gold aus der Bronzezeit.

Der als „Nordstream-Pipeline" in Ludmin bei Greifswald anlandende Strang durch die Ostsee teilt sich in die südlich durch Brandenburg und Sachsen nach Tschechien verlaufende „OPAL" und in die durch Mecklenburg-Vorpommern zu der Verteilerstation Rehden in Niedersachsen geleitete Nordeuropäische Erdgasleitung „NEL". 200 der insgesamt 440 Pipeline-Kilometer verlaufen durch Niedersachsen. Wie eine Perlenschnur

Bauen und Graben – an der Pipeline arbeiten Archäologen und Ingenieure auf engem Raum Hand in Hand.

zieht die fast 40 m breite Trasse eine gerade Linie durch die Landkreise Lüneburg, Harburg, Rotenburg, Verden und Diepholz – und schneidet dabei eine archäologisch reiche Kulturlandschaft auf. Um die vielen Kilometer Grabungsfläche wissenschaftlich untersuchen zu können, werden die Forscher von privaten Grabungsfirmen unterstützt. Auf den 200 Trassenkilometern in Niedersachsen beschäftigen sechs Grabungsunternehmen über 100 Mitarbeiter. Ein Einsatz, der sich gelohnt hat. Die Kratzen, Pinsel und Kellen der vielen parallel arbeitenden Teams haben Dutzende von Grabungsflächen freigelegt – insgesamt eine Fläche von über 7 km^2.

Zu den bereits bekannten Fundstellen kommen die so genannten Verdachtsflächen: Flächen, die von den Archäologen aufgrund ihrer siedlungsgünstigen Lage ausgewählt werden. Fundstellen und Verdachtsflächen machen ein Drittel der gesamten Trassenlänge aus – die restlichen 140 km werden untersucht, während die Baumaßnahmen bereits laufen.

ENTDECKUNGEN VON DER EISZEIT BIS IN DIE NEUZEIT

Die Grabungen haben völlig neue Erkenntnisse über die Siedlungsgeschichte hervorgebracht. Die Ausgräber fanden Siedlungsspuren an Orten, von denen sie gar nicht annahmen, dass sie überhaupt besiedelt waren. Und auch die Ausbeute selbst ist bedeutend: Wie an einer Perlschnur reihen sich entlang der Trassenführung Siedlungen, Gräberfelder und Einzelfunde von der Mittleren Steinzeit, der Zeit der Jäger und Sammler vor etwa 10 000 Jahren, bis ins Hohe Mittelalter und die Neuzeit aneinander. 136 Bodendenkmale wurden aufgedeckt, darunter allein 12 Friedhöfe mit jeweils bis zu 100 erfassten Bestattungen. Bei Boizenburg kamen Überreste von 80 Erdöfen, auch Rennfeueröfen genannt, aus dem 3. bis 4. Jh. zum Vorschein. In ihnen wurde Eisenerz verhüttet. Stücke für mehr als nur eine Ausstellung: Krüge aus der Bronzezeit, eine Gewandspange und eine Goldmünze aus dem Mittelalter, Körperbestattungen der Jungsteinzeit von vor etwa 2000 v. Chr., Siedlungen und Urnenfriedhöfe aus der Eisenzeit und seltene Nachweise von Siedlungsfunden aus der Völkerwanderungszeit vom Ende des 4. bis Anfang des 8. Jh. n. Chr. Überraschend sind

„Hemmoorer Eimer“: ein Bronzekessel aus der Römischen Kaiserzeit, in dem ursprünglich Wein aufgetischt wurde.

Zusammengedrückte Fibel, bei der die Nadel entfernt wurde, und massiver Armreif aus dem Goldhort an der Pipeline.

die Größe und Erhaltungsqualität der aufgedeckten Fundplätze, die zum allergrößten Teil vor Beginn der Maßnahme nicht bekannt waren. Tausende Stücke kamen bereits zutage, darunter auch die besonders interessanten Artefakte aus germanischen Gräbern aus den ersten Jahrhunderten nach Christus, der Römischen Kaiserzeit. Einige Germanen ließen sich mit römischen Luxusgütern wie zum Beispiel Münzen aus Edelmetall und Bronzegefäßen bestatten. Unter diesen Gefäßen waren auch Bronzekessel, die „Hemmoorer Eimer“, in denen ursprünglich Wein aufgetischt wurde.

Und dann kam bei Diepholz als vorläufige Krönung bronzezeitliches Gold zum Vorschein. Im Block geborgen umfasst der Hortfund 117 Objekte – 1,8 kg reines Gold, darunter zahlreiche Spiralen, große massive Ringe und eine Fibel. Die Lagerung im Boden lässt vermuten, dass die Objekte in einem Beutel oder Tuch aus Stoff oder Fell vergraben wurden. Von wem und weshalb, wird allerdings ein Rätsel bleiben. Wo genau die Entdeckung gemacht wurde, ist ein gut gehütetes Geheimnis. Zu groß ist die Furcht vor privaten Schatzsuchern.

Sicher ist, dass das Gold aus der Bronzezeit um 1400 v. Chr. stammt. Ein weiteres Highlight: die niedersächsischen Forscher entdeckten bei Achim ein etwa 5 x 8 cm großes Stück Sandstein mit einer Frauendarstellung. Die „Venus von Bierden", wie sie von den begeisterten Archäologen getauft wurde, ist vermutlich weit über 12 000 Jahre alt. Bei dem flachen Stein handelt es sich um einen so genannten Retuscheur. Mit ihm wurden Steinwerkzeuge bearbeitet. Der eiszeitliche Künstler hat nur wenige Striche für die kopf- und fußlose Frauendarstellung benötigt. Sie ist eine Mischung aus Frontal- und Seitenansicht mit angedeutetem Schambereich, einer deutlichen Linie für das Gesäß und zwei spitz zulaufenden Linien für die Beine. Solche Darstellungen sind bisher nur aus dem Magdalénien bekannt, einer Kulturphase vor 14 000 bis 16 000 Jahren. Wie alt die Arbeit an diesem Stein genau ist, ist noch nicht abschließend geklärt. Doch eins ist jetzt schon klar: Die Pipeline-Grabung ist ein Zeitraffer der norddeutschen Geschichte und ein Glücksfall für die Wissenschaft. Durch die archäologische Begleitung des Bauprojektes entsteht ein immer deutlicheres Bild einer jahrtausendealten Kulturlandschaft, die sich mit ganz unterschiedlichen Zeitscheiben im Boden überliefert hat. Die Wissenschaft im Wettrennen mit großen Wirtschaftsunternehmen – auch das ist Archäologie im 21. Jahrhundert. Die „Notgrabung an der Schröder-Pipeline" heißt das Projekt unter Archäologen – für die guten Beziehungen des Altkanzlers zum Kreml sind sie inzwischen äußerst dankbar.

TOURISTISCHE HINWEISE

Nach Abschluss der Geländearbeiten werden die umfangreichen Bodenfunde und die vielen Kilometer Dokumentation zunächst ausgewertet und für die Forschung zugänglich gemacht. Zum Abschluss des NEL-Projektes soll dann eine große Ausstellung den Erkenntnisfortschritt verdeutlichen.

www.archaeologieportal.niedersachsen.de/nel-pipeline/aktuelles.html

EIN WESTFÄLISCHES CASTEL DEL MONTE?

DIE HOLSTERBURG BEI WARBURG

Die stauferzeitliche Burg unweit der Stadt Warburg ist wohl die größte Entdeckung der archäologischen Burgenforschung der vergangenen Jahre. Eine achteckige Burg aus sorgfältig bearbeiteten Steinquadern ist mehr, als man bei einem Raubritternest erwartet hätte. Die Ideen und Fertigkeiten, die zum Bau dieser Burg benötigt wurden, sind nur mit größeren Interessen und Planungen zu erklären.

DIE ACHTECKIGE BURG

Unter dem großen Erdhügel in Sichtweite der Stadt Warburg war schon lange eine Burganlage vermutet worden, aber die westfälischen Burgenforscher um Hans-Werner Peine hatten hier eine der typischen Motten erwartet. Also hölzerne – oder im besseren Fall auch steinerne – Türme, die auf einem Erdhügel errichtet und von einem Graben umgeben waren. So war die Neuvermessung der Burg im Frühjahr 2010 auch als Routinemaßnahme geplant, einige kleine Suchschnitte sollten lediglich die genaue Größe der kleinen Befestigung klären. Umso überraschter waren die Archäologen, als sie plötzlich auf festes Mauerwerk stießen und schon nach wenigen Spatenstichen qualitätvolles Quadermauerwerk erkennbar wurde.

Noch mehr staunten die Ausgräber, als sie bei der sofort ausgeweiteten Untersuchung auf einmal herausfanden, dass der Grundriss nicht einfach quadratisch war, sondern sich nach und nach ein sorgfältig geplantes Oktogon ab-

STECKBRIEF

Zeitstellung: Hochmittelalter, 12. bis 13. Jh.
Entdeckt durch: Mittelalterarchäologen
Grabung: LWL-Archäologie für Westfalen, Mittelalter- und Neuzeitarchäologie
Grabungsleitung: Andrea Bulla
Größe der Grabung: 1000 m^2
Menge der Fundstücke: Anzahl noch unbekannt, da die endgültige Auswertung der Grabung noch aussteht.
Funde: Fundamente von aufgehendem Mauerwerk (Mitte 12. Jh., ca. 7 m hoch erhalten), Siedlungsfunde (Knochen, Spinnwirtel, Keramik) 12. bis 13. Jh.

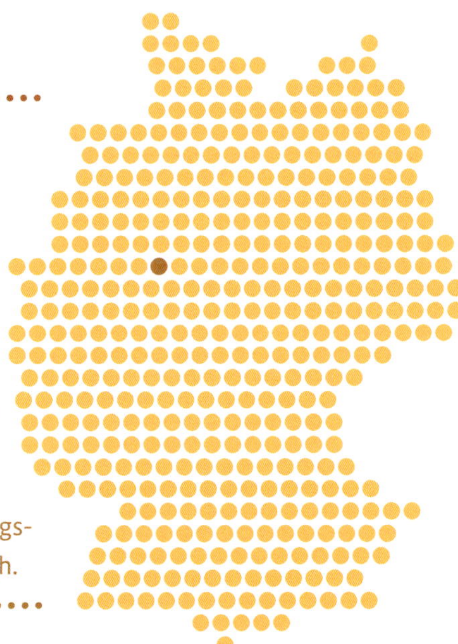

zeichnete. Besonders auf der Schauseite zur Straße, die von Warburg nach Kassel führte, waren große, bis zu 1,40 m lange und 40 cm hohe Kalksteinquader an den Ecken verarbeitet worden. Das Mauerwerk zwischen den Ecken wurde durch einen Fugenverstrich sorgfältig akzentuiert. Hinter der hohen und gleichmäßigen Außenschale warteten bereits weitere Überraschungen: Auf der Innenseite der Mauer stießen die Ausgräber auf einen kleinen Tunnel, durch den warme Luft geführt wurde, um so das Mauerwerk und die anschließenden Wohnräume zu heizen. Dieses System ist am besten aus römischen Bauten bekannt, Hypokaustenheizungen sind ein Sinnbild für den ausgefeilten und auch luxuriösen römischen Lebensstil. Doch wer hat hier im tiefen Westfalen im Mittelalter diesen Luxus betrieben? Wer wohnte hinter der wohl bis zu 12 m hohen Ringmauer? Bisher sind drei größere Gebäude im Burginneren entdeckt worden, die einen Großteil der nur etwa 568 m² großen Fläche bedeckt haben. Und schließlich musste auch ein Bergfried Platz finden.

Der achteckige Grundriss der Holsterburg und die Mauern der Wohngebäude im Inneren sind im Luftbild gut zu erkennen.

Unter dem Hügel in der Talsenke haben sich die Mauern der Burg zum Teil meterhoch erhalten.

EDELHERREN MIT ANSPRUCH – DIE BERKULES

Die Holsterburg in Holthausen gehörte zwei Brüdern, Hermann und Bernhard von Berkule. Diese übertrugen dem Kölner Erzbischof Philipp von Heinsberg Ende des 12. Jh. ihr „festes Haus" in Holthausen – für 100 Mark. Einer war mit diesem Geschäft nicht einverstanden: der Erzbischof von Mainz. Und dies ist vielleicht die entscheidende Spur, die uns die aufwendige Baugestalt erklären könnte. Noch heute liegt die Holsterburg ganz in der Nähe der nordrhein-westfälischen Landesgrenze zu Hessen. Schon im 12. Jh. grenzten hier die Territorien des Erzbistums Mainz und des Bistums Paderborn aneinander, und auch die Kölner versuchten, ihr Einflussgebiet auszubauen. Ein einfacher Edelherr wird unmittelbar an dieser wichtigen Grenze nicht ohne tatkräftige Unterstützung von höherer Stelle tätig geworden sein, und so liegt die Vermutung nahe, dass der Mainzer Erzbischof nicht nur finanziell, sondern auch mit „Manpower" eingegriffen hat – und so diese architektonische Meisterleistung ermöglichte. Waren die Burgenbauer vielleicht sogar schon vorher an einem der zahlreichen Bau-

projekte des Mainzer Oberhirten beteiligt? Haben sie die Idee einer achteckigen Burg nach Westfalen getragen?

Achteckige Burgen, so genannte Oktogone, sind ausgesprochen selten. Und doch zählt eine der berühmtesten und geheimnisvollsten Burgen der Welt dazu: das Castel del Monte in Italien. Die so genannte „Krone Apuliens" wurde um 1240 errichtet. Das perfekte Maßsystem sowie die sorgfältige Bauausführung machen diese Burg mit ihren acht Türmen zu einem einzigartigen Bauwerk. Bislang gab es nur wenige ältere und kleinere Anlagen, die bereits etwa ein halbes Jahrhundert früher die Achteckform in den Burgenbau eingeführt haben. In der Größe mit der Holsterburg vergleichbare Anlagen entstanden ungefähr zeitgleich im Elsass. Vielleicht haben die weitreichenden, mit den Kreuzzügen verbundenen Kontakte zu neuen architektonischen Ideen geführt und damit dem Burgenbau neue Möglichkeiten eröffnet.

Im unteren Bereich der Außenmauer sind die sorgfältig gearbeiteten und gesetzten Quader nicht ausgebrochen worden. Eine Ecke des Oktogons ist hier gut sichtbar.

Die exakte, maßgenaue Bauausführung und die faszinierende Verbindung des Oktogons mit den an die Ecken anschließenden Türmen prägen das um 1240 vom Stauferkaiser Friedrich II. erbaute Castel del Monte in Apulien.

DAS SCHMACHVOLLE ENDE

Hochmut kommt vor dem Fall. Diese alte Weisheit trifft ganz besonders auf die Holsterburg zu. Die Herren Berkule haben sich zunehmend unbeliebt gemacht. Ihre strategische und verkehrsgünstige Lage ausnutzend, haben sich die Berkules wie Raubritter gebärdet, Kaufleute überfallen und Warburg angegriffen. Schließlich wurde es den Städtern und den Landesherren zu bunt. Gemeinsam haben sie die Festung angegriffen und in Schutt und Asche gelegt. Nie wieder sollten die Mauern Raubrittern Unterschlupf bieten und die Entwicklung der Stadt Warburg gefährden.

Durch diesen Schutt graben sich auch in den nächsten Jahren die Archäologen. Denn sie wollen wissen, wie eine solch gewaltige Burganlage

überhaupt so weitgehend zerstört wurde. Für das Schleifen einer Burg braucht man Erfahrung und ausgefeilte Technik. So rätseln die Grabungsleiter vor Ort schon lange über einen großen Steinring, der nicht im Zentrum des Oktogons liegt, sondern deutlich aus der Mitte gerückt ist. Das mit Mörtel sorgfältig verbundene Mauerwerk wurde schnell als Teil des Bergfrieds identifiziert. Doch unter dem Steinring liegt erneut loser Schutt. Ist der Turm kontrolliert zum Einsturz gebracht worden und ein Teil des Turmes an diese Stelle gestürzt? Vielleicht entdecken die Ausgräber ja doch noch den unteren Mauerstumpf des Bergfrieds im Zentrum der Burganlage, denn ein so symmetrisches Äußeres lässt auch eine durchgeplante innere Bebauung erwarten.

Eine Schriftquelle berichtet von drei Burgmannen, die mit ihren Familien in der befestigten Anlage gelebt haben. Drei Häuser zeichnen sich schon jetzt ebenso ab wie zahlreiche Umbauten. Offensichtlich wurde die Feste in den nur gut 100 Jahren bis zu ihrer Zerstörung 1294 intensiv genutzt, auch wenn es im engen Burginneren nicht sehr komfortabel gewesen sein dürfte: Nur selten wird die Sonne den schmalen, von hohen Gebäuden umstellten Innenhof beschienen haben. Allerdings deutet die Warmluftheizung an, dass die Berkules nicht auf allen Komfort verzichten wollten. Vielleicht können Funde aus den Abfallschichten und den verschiedenen Nutzungshorizonten noch einiges Licht in das erst ansatzweise gelüftete Dunkel um den einst grasüberwachsenen Hügel vor den Toren der Stadt Warburg bringen. Schon jetzt steht fest, dass die weiteren Grabungen auf so manche Überraschung hoffen lassen.

TOURISTISCHE HINWEISE

Die Ausgrabung wird in den kommenden Jahren fortgesetzt. Zu verschiedenen Anlässen (z. B. Tag es Offenen Denkmals) werden Grabungsführungen angeboten. Informationen dazu unter **www.lwl-archaeologie.de**
Als Ausflugsziel ist die Burgruine auf dem Desenberg und das Museum im Stern der Stadt Warburg zu nennen. Informationen dazu unter **www.warburg.de**

LABYRINTH UNTER TAGE

DIE VERGESSENEN SILBERSTOLLEN VON DIPPOLDISWALDE

Seit Hunderten von Jahren dämmerten die Stollen unter dem Pflaster der Kleinstadt Dippoldiswalde unangetastet in der Tiefe vor sich hin. Bis sich vor einigen Jahren im Garten einer Pension plötzlich die Erde senkte und ein tiefes Loch entstand. Horror für die Pensionsbesitzer – aber ein Glücksfall für die Archäologie. In Sachsen haben Montanarchäologen eine einmalige Chance, dem frühesten Bergbau Deutschlands auf die Spur zu kommen.

GLÜCK AUF IM MITTELALTER

Knirschend hebt sich der schwere Gullideckel und wird von zwei Archäologen auf dem nagelneuen Asphalt des Busbahnhofes Dippoldiswalde abgelegt. Dieser Gulli ist etwas Besonderes, denn er hat es in sich – oder besser gesagt: unter sich. Denn er bietet den Einstieg in eine bisher unbekannte Welt des Mittelalters. Unter den Straßen, Plätzen und Häusern der sächsischen Kleinstadt Dippoldiswalde verlaufen 800 Jahre alte Bergbaustollen kreuz und quer in bis zu 26 m Tiefe. Keiner der 6000 Einwohner ahnte, dass ihre Stadt auf mittelalterlichen Silberminen erbaut wurde, die den Grund durchlöchern wie einen Schweizer Käse. 2001 entdeckt der Besitzer einer Pension eines Morgens ein klaffendes Loch in seinem Garten. Die Erde ist mehrere Meter tief eingebrochen. Als das Oberbergamt und die Geologen den Hohlraum untersuchen, erkennen sie Gänge, die von Menschenhand angelegt wurden. Aber warum? Und wann? Die herbeigerufenen Archäologen aus dem 25 km entfernten Dresden haben wenig Mühe, die Gänge als Bergbaustollen zu identifizieren. Wie alt diese Stollen sind und wie groß das Abbaugebiet unter Tage ist, wurde jedoch erst in den folgenden Jahren deutlich.

Kein Ort für Klaustrophobiker – einige der Abbaustrecken sind nur 20 cm breit.

STECKBRIEF

Zeitstellung: Hochmittelalter, 12./13. Jh.
Entdeckt durch: Sächsisches Oberbergamt, Freiberg
Grabung: Sächsisches Landesamt für Archäologie, Dresden
Größe der Grabung: Ausdehnung des bisher freigelegten Grubenfeldes: 1,5 km^2
Menge der Fundstücke: über 900
Funde: Fahrten (Leitern), Haspeln (Seilwinden), Firstkästen, Arbeitsbühnen, Förderrutschen, Wasserrinnen, eine Kratze, Schaufeln, Stiele von Bergeisen, Fragmente von geflochtenen Förderkörben, Fragmente von keramischen Bügelkannen, Holzschalen, ein Bergeisen

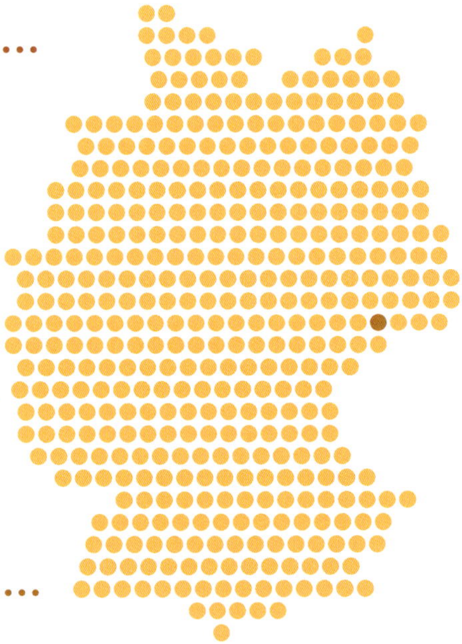

Die Archäologin Christiane Hemker steigt immer tiefer in den dunklen Schacht. Sie zwängt sich mit ihren Kollegen durch die engen und dunklen Gänge in über 20 m Tiefe. Streckenweise geht es nur auf allen vieren voran. Dieser Ort ist nur etwas für Forscher ohne Platzangst – einige Abbaue sind so eng, dass die Wissenschaftler fast in den Felsspalten stecken bleiben. Nur der schmale Strahl der Berghelmlampen erhellt das graue und braune Gestein, das Christiane Hemker umschließt. Kriechend erreicht sie weitere Räume, in denen deutliche Abbauspuren zu erkennen sind. Trotz dieser unwirtlichen Umgebung ist dieser Ort für die Montanarchäologin das Paradies. Bergwerke, deren Ursprünge bis in das Mittelalter reichen, sind an sich noch keine Sensation. Aber hier in Dippoldiswalde haben sich die Stollen so erhalten, wie sie vor 800 Jahren verlassen wurden. Das ist bislang einmalig. Wie in einer Zeitkapsel finden die Archäologen sogar noch Werkzeuge und Ausrüstungsteile der mittelalterlichen Bergmänner.

ELDORADO FÜR ARCHÄOLOGEN – ALPTRAUM FÜR STADTPLANER

Es sind europaweit einzigartige Funde, die das Team von Christiane Hemker mit Unterstützung der Bergsicherung und des Oberbergamtes zutage fördern. Fragmente von mindestens sechs Fahrten (Leitern), vier Haspeln (Seilwinden), mehrere Firstkästen und Wasserrinnen. Dazu kommen Kleingeräte wie zum Beispiel eine Kratze, zwei Schaufeln, die Stiele von Bergeisen oder der Henkel eines geflochtenen Förderkorbes. Und immer wieder entdecken die Forscher neue Gänge, die weiter in die Tiefe führen.

Einstieg ins Mittelalter – in Dippoldiswalde manchmal überraschend einfach.

Das Eldorado der Montanarchäologen ist aber ein Alptraum für die Stadtplaner. Denn gefährliche Tagebrüche können zum Einsturz von Häusern und zum Einbruch von Straßen führen. Jeder hier hat die Bilder des eingestürzten Kölner Stadtarchivs im Kopf. Der einzige Ausweg ist, zumindest einen Teil der Hohlräume zu verfüllen. Christiane Hemker sieht die Maßnahme mit einem lachenden und einem weinenden Auge. Nur aufgrund der Sicherungsarbeiten des Oberbergamtes hat auch ihr Team die Möglichkeit, immer weiter in die vergessenen Bergwerke vorzudringen – andererseits weiß die Archäologin, dass der verspritzte Beton die Zeugnisse der bewegten Geschichte unter Tage für Jahrzehnte verschließt. Noch ist es aber nicht so weit, denn noch immer sind nicht alle Hohlräume vom Oberbergamt erfasst. Bis in eine Tiefe von fast 30 m haben die Archäologen die mittelalterlichen Bergbaustollen aufgespürt und sich dafür auch mal Meter für Meter durch den Fels gesprengt.

Freilegung einer Seilwinde – in den Schächten fanden Archäologen die Hilfsmittel der Minenarbeiter in situ.

DAS ERSTE BERGGESCHREY – DER GRUNDSTEIN FÜR SACHSENS GLANZ UND GLORIA

Mit modernster Technologie dauerte es nur einige Wochen, bis die tiefste Sohle des unterirdischen Labyrinths erreicht war – vor 800 Jahren muss es unendlich viel mehr Mühe und wahrscheinlich mehrere Jahre gekostet haben. Das Schwarzpulver war noch nicht erfunden, mit purer Handarbeit und unter der spärlichen Beleuchtung von Talgfackeln meißelten sich die Mineure hinab. Es muss permanent verraucht gewesen sein, dazu kam eintretendes Grundwasser und Kälte – eine endlose Schinderei, bei der nicht wenigen Menschen ein nur kurzes Leben beschieden gewesen sein und einige vielleicht sogar ihr Leben verloren haben dürften. Und dennoch hielt die Bergarbeiter nichts davon ab, in den dunklen Schächten ihr Glück zu versuchen. Angelockt vom so genannten Ersten Berggeschrey, den reichen Silberfunden im nahen Freiberg, strömten Bergleute mit ihren Familien um 1168 in das sächsische Erzgebirge. Im Verlauf des 13. und 14. Jh. erfasste ein wahrer Silberrausch den gesamten Erzgebirgsraum. Ohne die enormen Erträge aus den Bergwerken hätten die Fürsten Sachsens nie „Glanz und Gloria" zur Schau stellen können, so wie man es beispielsweise im Grünen Gewölbe des Dresdner Schlosses heute wieder sehen kann. Nicht umsonst erhielt der Markgraf von Meißen um 1200 den

Unter dem Pflaster liegt das Mittelalter – mindestens ein halber Quadratkilometer des Stadtgebietes ist untertunnelt.

Namen „Otto der Reiche". Während beispielsweise Freiberg als größtes sächsisches Bergwerkszentrum durch seine reichen Silbererzvorkommen und den Einsatz technischer Innovationen über viele Jahrhunderte ausgebeutet wurde, fielen andere Bergwerke und sogar ganze Bergstädte in Sachsen wüst und gerieten in Vergessenheit. Viele Gruben blieben unangetastet, weil es sich schlicht nicht mehr lohnte. So auch in Dippoldiswalde.

Die Bergleute verließen die Stollen wohl so schnell, wie sie gekommen waren. Viele machten sich nicht einmal mehr die Mühe, am letzten Tag ihre Werkzeuge oder Leitern mit auf den mühsamen Weg an die Oberfläche zu nehmen. Ein Volltreffer für die Archäologen. Sie haben jetzt die vielleicht einmalige Chance, dem mittelalterlichen Bergbau Deutschlands in einem gänzlich erhaltenen Gangsystem auf die Spur zu kommen. Bestandteile der Abbau- und Fördertechnik und der Entwässerungsanlagen geben erstmals Aufschluss über die technischen Anwendungen und Lösungen zum Betrieb eines mittelalterlichen Bergwerks. Bemerkenswert ist die große Anzahl von dicht beieinander liegenden Schächten. Unter Tage ergibt sich ein chaotisch wirkendes Bild aufgereihter Abbauhohlräume. Tatsächlich konnten sich die Besitzer benachbarter Gruben in einigen Fällen durch Querverbindungen (sog. „Durchschläge") zwischen ihren Stollen beim Arbeiten zuschauen. Ihre Abbaustrecken waren bis zu 15 m lang, 10 m hoch und teilweise nur 20 cm breit. Die hohen, aber überaus schmalen Abbaue geben noch Rätsel auf. Die Frage nach der Zeitstellung ist dagegen geklärt. Von den über 900 Hölzern, die im Bergwerk geborgen wurden, konnten bislang 220 dendrochronologisch in die Zeit von etwa 1185 bis 1245 datiert werden. Damit rückt Dippoldiswalde in die Nähe der frühen deutschen Bergbaugebiete im Harz und dem südlichen Schwarzwald – und die Kleinstadt in Sachsen in den Fokus der europäischen Montanarchäologie.

Mittelalterliches Werkzeug – mit der hervorragend erhaltenen Kratze wurden die Erzgesteinsbrocken aufgeklaubt.

TOURISTISCHE HINWEISE

Die Funde aus den Stollen werden zurzeit restauriert und sind noch nicht zu besichtigen. Die wichtigsten Stücke sind ab 2013 im neuen Haus der Archäologie in Chemnitz zu sehen. Einblick in das sächsische Montanwesen und die Ausstellung „Meisterwerke bergbaulicher Kunst" bietet das nahe Stadt- und Bergbaumuseum in Freiberg.

www.museum-freiberg.de

DIE GRÖSSTE SIEDLUNGSGRABUNG DEUTSCHLANDS

AUF DER SUCHE NACH DEN ANFÄNGEN DER LÜBECKER ALTSTADT

„Königin der Hanse" wurde Lübeck über Jahrhunderte genannt. 1143 als erste deutsche Stadt an der Ostsee gegründet, stieg die Siedlung rasch zu einer blühenden Handelsmetropole auf. Während des glanzvollen Zeitalters des Kaufmanns- und Städtebundes wuchsen immer prachtvollere Bauwerke auf den alten Grundmauern. Doch wo genau wurden die ersten Häuser errichtet? Ein bislang ungelöstes Rätsel. Erst jetzt stoßen Archäologen an dieser Stelle systematisch in die frühesten Epochen Lübecks vor.

SCHATZTRUHE ODER ABFALLGRUBE?

Am Anfang brauchten die Archäologen nicht lange zu graben. Rasch zeichneten sich die ersten Grundmauern und backsteinernen Keller ab. Doch auch Brunnen, Zäune und unverhofft gut erhaltene Gruben, so genannte Kloaken, kamen zum Vorschein. Vor allem Letztere entpuppten sich als wahre Schatztruhen, in denen Dinge des täglichen Lebens – vom angebrannten Hirsebrei bis zum Frauenschmuckgürtel – in sauerstoffarmem Milieu die Jahrhunderte bestens überstanden haben. Bis zu 10 m tief waren manche Kloaken rund 700 Jahre lang in Benutzung. Diese privaten Entsorgungseinrichtungen befanden sich in den Hinterhöfen der Stadthäuser. Sie wurden je nach Epoche aus Rundhölzern, Holzbohlen, Findlingen oder Backsteinen konstruiert. In ihnen verschwand alles, was die Menschen nicht mehr brauchten – inklusive der Notdurft. A propos Toiletten: Zu den herausragenden Funden gehört ein hölzerner „Doppelsitzer mit Kindereinstieg" aus dem 13. Jh., eine Toilettenanlage für zwei Personen, die dank einer Stufe auch für „kleine Lübecker" nutzbar war. Sonderlich prüde hat man sich damals also nicht gegeben. Aus anderen Kloaken sind speziell zugeschnittene Textilreste bekannt – wertvolle

STECKBRIEF

Zeitstellung: Hochmittelalter bis frühe Neuzeit, 12. bis 17. Jh.
Entdeckt durch: Stadtarchäologen
Grabung: Archäologie und Denkmalpflege der Hansestadt Lübeck
Größe der Grabung: 9000 m²
Menge der Fundstücke: bislang ca. 150 000
Funde: Querschnitt durch die Hansezeit

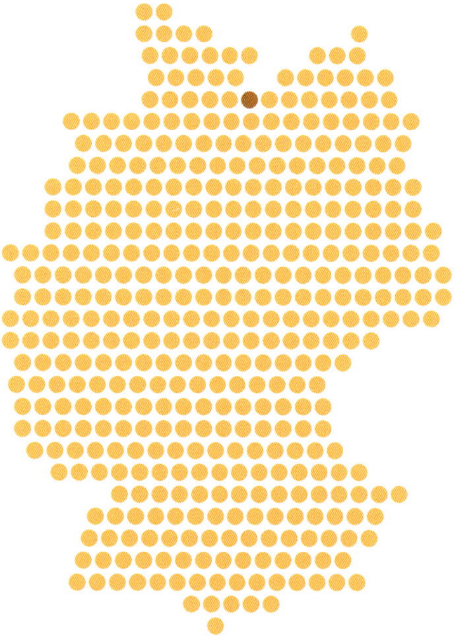

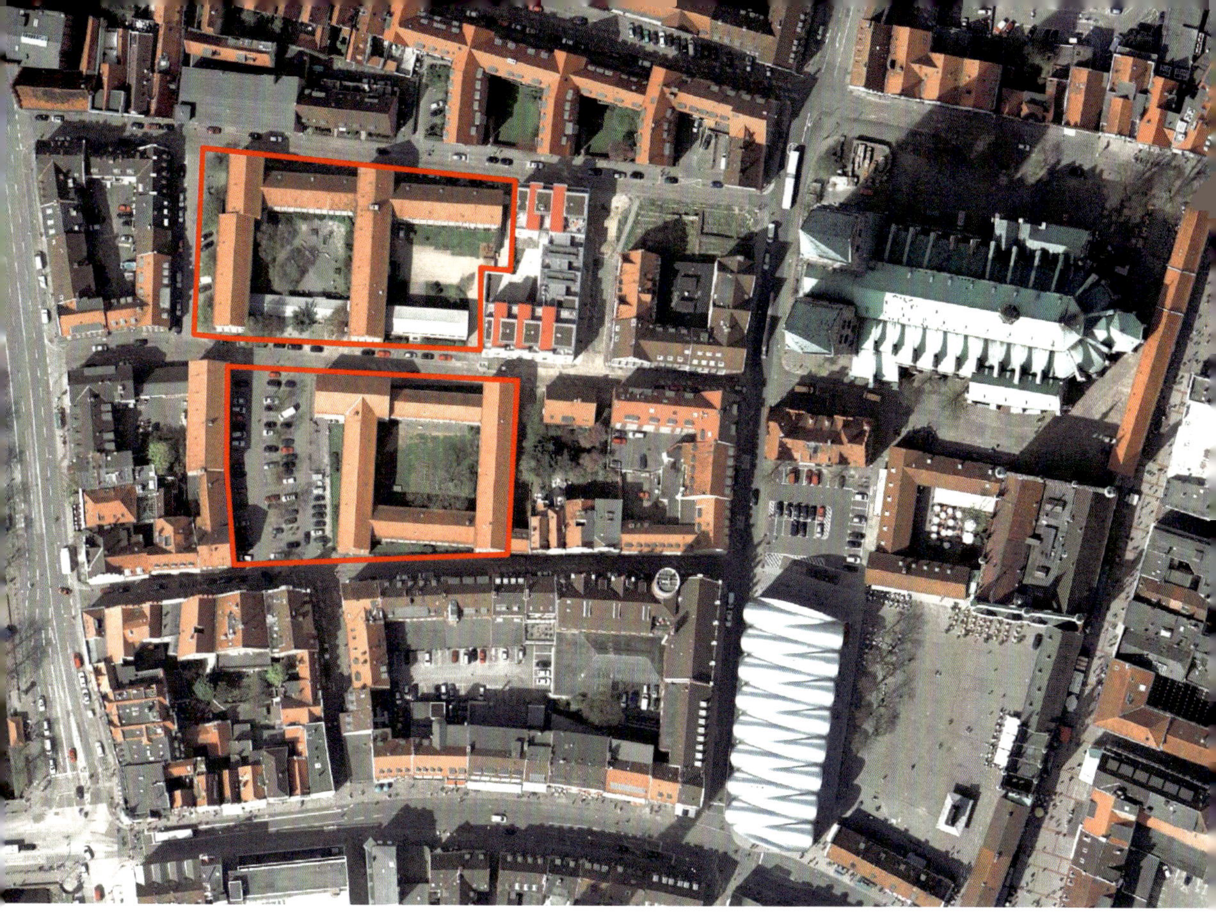

Materialien, die in Zweitverwendung den Hansekaufleuten als Klopapier dienten. Obwohl die Kloaken recht groß waren, mussten sie doch hin und wieder geleert werden. Das war die Aufgabe professioneller Kloakenreiniger. Diese hartgesottenen Angehörigen eines eigenen Berufszweiges gingen meist nachts zu Werke, mussten sie doch den geruchsintensiven Inhalt hinaus auf die Straße – vermutlich sogar durchs Haus – und von dort auf umliegende Felder transportieren. Noch heute machen Landwirte auf ihren Äckern entsprechende Funde.

Vor Beginn der Supergrabung in Lübecks Gründungsviertel: Die Untersuchungsflächen (rot umrahmt) sind noch bebaut.

Dennoch ist eine Menge an Gegenständen in den Abfallgruben verblieben. Vielzahl und Verschiedenheit der geborgenen Fundstücke sind enorm. Doch noch mehr fesselt die Archäologen die Frage, wie alt die architektonischen Reste sind, die sie ausgegraben haben. Während der Frühphase errichtete man alle Wohnhäuser aus Holz, und das ist im sandig-lehmigen Boden erstaunlich gut erhalten. Dendrochronologische Untersuchungen weisen bei einem Fund auf das Jahr 1181. Das ist schon

ziemlich nah an den Gründungsdaten. Mehr als 600 Proben warten allerdings noch auf ihre Auswertung – und die Forscher hoffen auf noch ältere Funde. In einem anderen Fall haben sie bereits eine Zeitmarke versetzt: Eine Backsteintreppe konnten sie auf die Zeit um 1200 datieren und damit für Lübeck den sehr frühen Einsatz dieses Baumaterials bei bürgerlichen Häusern nachweisen. Es bleibt also spannend in der alten Hansestadt Lübeck, zumindest bis Ende 2013.

MITTELALTER UNTER ASPHALT

Nur 15 cm Straßenbelag liegen in Lübeck zwischen dem 21. und dem 12. bzw. 13 Jh. – zumindest an einigen Stellen des Grabungsgebietes zwischen Rathaus, Marienkirche und dem ehemaligen Hafen an der Trave. Direkt unter dem Asphalt stößt man auf die Fundamente mittelalterlicher Stadthäuser. Diese für Archäologen äußerst günstigen Bedingungen haben jedoch eine wechselvolle Geschichte, die mit einer Katastrophe be-

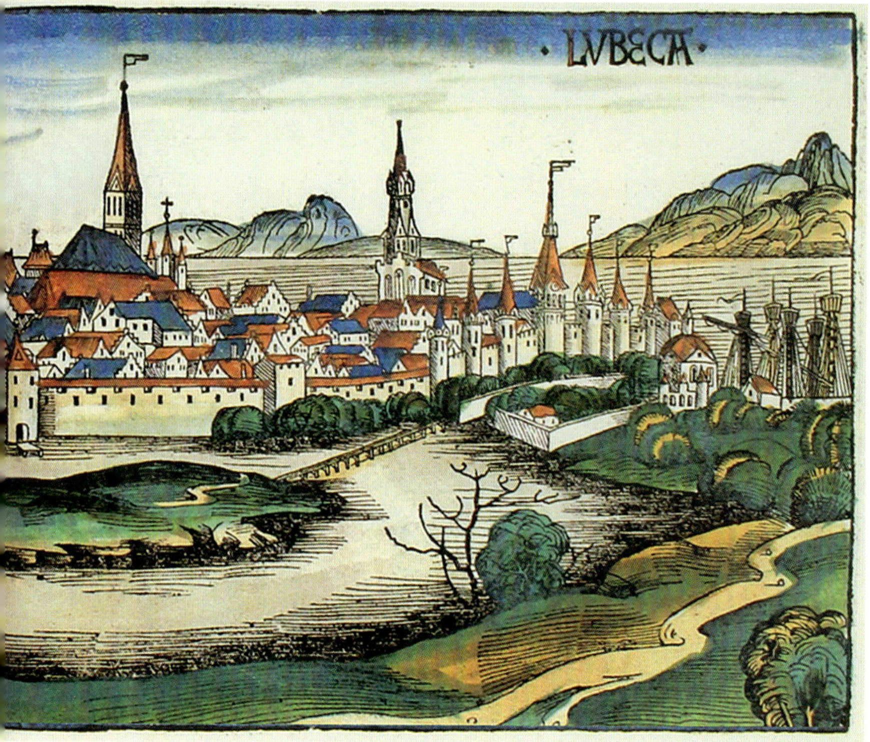

Stadtansicht der Hansestadt Lübeck aus der „Nürnberger Weltchronik" von H. Schedel aus dem Jahr 1493.

gann: Bis 1942 war die Innenstadt Lübecks ein nahezu lückenloses Häusermeer. Stadtarchäologische Grabungen kamen daher kaum in Frage. Doch in der Nacht vom 28. auf den 29. März 1942 vernichtete ein verheerender Luftangriff über 1000 Gebäude, 320 Menschen kamen dabei ums Leben. Etwa 20 % des historischen Stadtkerns lagen in Trümmern.

Besonders schwer hatte es das so genannte Gründungsviertel getroffen. Als der Schutt weggeräumt war und man nach Kriegsende mit der Neubebauung begann, konnte den zutage getretenen, jahrhundertealten Grundmauern und Kellern nur wenig Beachtung geschenkt werden. Sie wurden in den Jahren 1955 bis 1961 großflächig mit zwei Schulen überbaut. Damit waren das Mittelalter und seine bis zum Bombardement erhalten gebliebene Grundstücksparzellierung für Jahrzehnte unerreichbar versiegelt. Aber das Blatt wendete sich allmählich. Ab 1985 waren erste Grabungen unterhalb der Marienkirche möglich. Und als 1987 die historische Altstadt der Hansestadt Lübeck von der UNESCO zum Welterbe erkoren wurde, standen zusätzlich 9 Millionen Euro für archäologische

Untersuchungen zur Verfügung. Nun konnte es endlich losgehen mit der Spurensuche nach den ältesten lübischen Häuserresten auf diesem Areal. Denn obwohl die Siedlungs- und Bebauungsgeschichte der Stadt bis ins 14. Jh. genau bekannt war – exakt die Stelle, an der Lübeck im 12. Jh. gegründet worden ist –, konnte zuvor nicht ermittelt werden.

GLÜCKSFALL „STADTREPARATUR“

Die Baumaßnahmen der 1950er Jahre störten nun doch erheblich das ansonsten recht geschlossene Erscheinungsbild des UNESCO-Welterbes. Schon länger gab es verschiedene Konzepte, um eine „Stadtreparatur“ vorzunehmen. Nun kam ein Vorschlag zum Zuge, der sich an der ursprünglichen kleinteiligen Bebauung orientiert. Da die gesamte Innenstadt Lübecks durch eine Landesverordnung als Grabungsschutzgebiet ausgewiesen ist, darf ohne vorherige Untersuchungen durch die Stadtarchäologen nichts gebaut werden – eine goldene Bestimmung für die Wissenschaft. Dank eines neuen Gewerbeschulzentrums in einem südlichen Teil der Altstadt werden jetzt die Schulgebäude abgetragen und der Untergrund freigelegt. Über insgesamt 9000 m² erstreckt sich das

Hölzerne Doppelsitz-Toilettenanlage aus dem frühen 14. Jh.

Grabungsareal zwischen Braunstraße und Alfstraße. Viel Zeit bleibt den Forschern nicht. Im Oktober 2009 haben sie begonnen, und am 31. Dezember 2013 müssen sie fertig sein. Bis in den „gewachsenen Boden", den natürlichen Untergrund, müssen sie vordringen, um die Anfänge Lübecks zu finden. Dabei geht es den Wissenschaftlern nicht nur um die ersten Gebäude der deutschen Stadtgründung, sondern auch um den Nachweis weiterer Spuren slawischer Vorbesiedelung. Immerhin stammt der Name „Lübeck" von „Liubice" ab, der Bezeichnung einer westslawischen Abodriten-Siedlung, die einst an der Mündung der Schwartau in die Trave nahe dem heutigen Lübeck gelegen hatte. Das deutsche Lübeck war im Jahr 1143 von Graf Adolf II. von Schauenburg und Holstein auf einer inselähnlichen Landzunge zwischen den Flüssen Wakenitz und Trave gegründet worden. 1157 abgebrannt und 1159 durch Herzog Heinrich den Löwen nochmals gegründet, wuchs die Stadt anschließend kontinuierlich. Diese frühen Jahrzehnte zählen zu den spannendsten Phasen der lübischen Geschichte, nicht zuletzt deshalb, weil man bislang kaum genaue Details kennt. Während der jüngsten Grabungen sind die Archäologen jener Zeit schon sehr nahe gekommen – und sie haben faszinierende Überraschungen erlebt. Nach Abschluss der Erdarbeiten werden der ursprünglichen Bebauung folgend 44 Grundstücke für private Stadthäuser ausgewiesen. Es soll keine historisierende Zuckerbäcker-Romantik, sondern eine dem Gesamtbild angepasste Architektur entstehen. Dann wird das riesige Grabungsfeld unter den neuen alten Häuserzeilen verschwinden. Die zahllosen Fundstücke und die wertvollen Forschungsergebnisse werden jedoch das Bild des Gewesenen schärfen.

Geldbörse aus dem 14. Jh. Seidengewebe mit Goldfäden und Messingverschluss.

TOURISTISCHE HINWEISE

Die Grabungen können während der Arbeitszeit im Grabungszelt in der Braunstraße 16 beobachtet werden. Ein InfoPoint (Braunstraße 14) vermittelt Wissenswertes über die Grabung. Eintritt jeweils frei.
Öffentliche Führung: montags 14 Uhr.
www.luebeck.de
www.AusgrabungGruendungsviertel.luebeck.de

HERZLOSE HAUPTSTADT?

DIE WIEDERENTDECKUNG DES MITTELALTERLICHEN BERLINS

Da staunen die Berliner nicht schlecht! Wo bisher Brachen und Grünflächen das Bild prägten, lag das Herz der Stadt Berlin. Wenn 2012 das 775-jährige Bestehen gefeiert wird, dann wissen inzwischen nicht nur die Archäologen, dass eigentlich bereits heute 800 plus x Jahre zu feiern sind. Petrikirche, Rathaus, Dominikanerkloster und Schloss sind nur einige der prägenden Baulichkeiten, die die Archäologen jetzt wieder in das Bewusstsein der Stadt rücken.

DIE VERSCHWUNDENE PETRIKIRCHE

Nichts erinnert hier noch an das mittelalterliche Zentrum der Stadt. Als Walter Ulbricht 1960 persönlich den Abriss der im Krieg zwar ausgebrannten, aber nicht eingestürzten prächtigen neugotischen Petrikirche anordnete, beabsichtigte er vor allem, den hohen Kirchturm aus der neuen Staatsmitte der DDR zu entfernen. Damit war zugleich die alte Mitte des Cöllner Teils der Doppelstadt Berlin-Cölln verloren gegangen. Seit 2007 haben Archäologen diese Mitte wieder ans Tageslicht gebracht. Sie fanden neben den Fundamenten der verschiedenen Petrikirchen einen

STECKBRIEF

Zeitstellung: Mittelalter und Neuzeit
Entdeckt durch: Landesdenkmalamt Berlin
Grabung: Petriplatz: Claudia M. Melisch;
Schloss: Michael Malliaris;
Rathaus: Michael Hofmann
Größe der Grabungen: Petriplatz: 7000 m^2, Schloss: 10 000 m^2,
Rathaus: 8000 m^2
Menge der Fundstücke: Petriplatz: 224 684 Funde und 4300 Sonderfunde sowie 3124 Gräber und 3718 Skelette;
Schloss: 120 000 Fundstücke, 3500 Sonderfunde, 700 Gräber;
Rathaus: 200 000 Funde des 13. bis 20. Jh., darunter ca. 200 Münzen aus dem 13. bis 18. Jh., 16 Skulpturen, die im Rahmen der nationalsozialistischen Aktion „Entartete" Kunst in deutschen Museen beschlagnahmt wurden, ca. 140 Kisten mit Tierknochen aus mittelalterlichen Befunden
Funde: Städtisches Fundmaterial aus dem 13. bis 20. Jh.;
Schloss: mittelalterliches Dominikanerkloster, mittelalterliche Stadtbefestigung von Cölln und städtische Siedlungsbefunde; Domkirche der Hohenzollern, barocke Adelsgrüfte, Kellerräume des barocken Berliner Schlosses, Schlossfassadenfragmente;
Rathaus: Untergeschoss des Rathauses, Kellerbefunde 13. bis 19. Jh., Straßenhorizonte ca. 2 m mächtig, 13. bis 19. Jh.

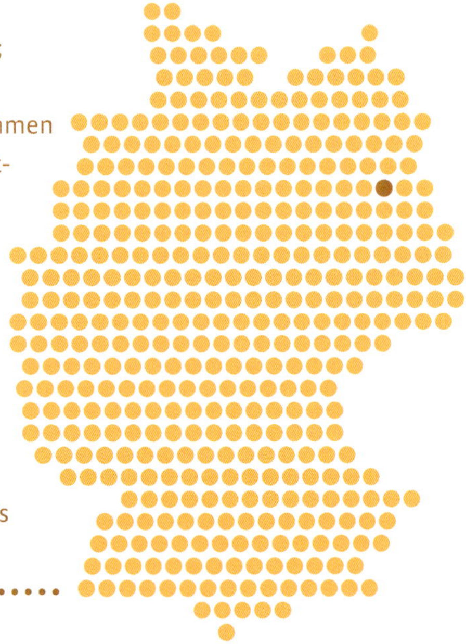

Blick auf die Ausgrabungen vor dem Berliner Rathaus im Zusammenhang mit dem Neubau der U-Bahnlinie 5. Unten rechts Kellerfundamente des mittelalterlichen Berliner Rathauses.

großen Friedhof und über 3700 Bestattungen. Unter ihnen könnten die ersten Berliner sein, denn in einer Ecke des Kirchhofes wurden die Gräber bereits kurze Zeit nach Beginn der Bestattungen mit Häusern überbaut. Vielleicht liefert eine Isotopenuntersuchung noch Informationen, ob diese Personen bereits an der Spree geboren wurden oder von anderen Plätzen an den aufstrebenden Ort auf der Spreeinsel gezogen sind. Die ersten Häuser, damals noch neben dem Friedhof, entstanden schon kurz nach 1200, also bereits über 30 Jahre früher als eine Urkunde von 1237 datiert, in der ein Symeon, plebanus de Colonia, genannt wird, und die bis heute als ältester Beleg Berlins gilt. Dieser Pfarrer Simeon, der die Urkunde bezeugte, stand offensichtlich bereits einer großen Gemeinde vor, denn die Dendrodaten, die aus Hölzern gewonnen werden, die sich im Berliner Boden erhalten haben, belegen inzwischen, dass sich sowohl auf der Berliner als auch auf der Cöllner Seite der Spree zu dieser Zeit bereits viele Gebäude befanden.

KÖNIGLICHE OFENKACHELN?

Eine besondere Überraschung bot ein großer Fundkomplex, der über der ältesten Schule Berlins, der Lateinschule am Petriplatz, ausgegraben wurde: Hunderte von Ofenkacheln lagen zerschlagen im Schutt. Und zwar viel mehr Kacheln, als Öfen in der umliegenden Bebauung gestanden haben können. Die langwierige Puzzlearbeit nach der Grabung machte schnell die hohe Qualität der Kachelöfen deutlich. Die vielen Motive mit den Wappen der preußischen Kurfürsten und Könige deuteten schnell auf den Herkunftsort der hochwertigen Kacheln: das Berliner Schloss.

EIN NEUES SCHLOSS AUF HISTORISCHEM BODEN

Im Frühjahr 2012 haben die Bauarbeiten für das Humboldtforum/Berliner Schloss begonnen. Doch bevor gebaut wurde, konnten die Berliner Archäologen über mehrere Jahre das Gelände erkunden. Leider ist der älteste Teil des Schlosses bei dem Bau des Palastes der Republik vollständig zerstört worden. Der jüngere westliche Schlossteil, der Anfang des 18. Jh. unter Leitung des Architekten Eosander entstanden war, bot neben den gut erhaltenen Schlosskellern besondere Überraschungen. Unter dem Pflaster des Schlosshofes lag schon bald nahezu ungestörtes Mittelalter.

Ausgrabung am Schlossplatz Berlin-Mitte 2009. Burgsdorff-Sarkophag und Kindersärge vor der Blockbergung.

Im Süden des Schlosses, unmittelbar vor dem ehemaligen Staatsratsgebäude, quasi unter Honeckers Fenster, blickten die Berliner dann in zahlreiche Grüfte. An dieser Stelle standen einst Kirche und Kloster der Dominikaner, die um 1300 hier auf der Cöllner Seite ihr Kloster errichtet hatten. Als der Landesherr mehr als 200 Jahre später direkt daneben sein Schloss baute, hatte die nun prominente Lage auch Auswirkungen auf das ruhige Klosterleben. Noch vor der Reformation ließ Kurfürst Joachim II. das Kloster mit päpstlicher Erlaubnis in ein Stift umwandeln. Von nun an war die Kirche das geistliche Zentrum der Hofgesellschaft und Grablege der königlichen Familie. Wo der König sein Grab fand, wollten auch die Großen des Hofes ruhen. Die Klosterkirche reichte bald nicht mehr, um die vielen Grüfte aufzunehmen, so fanden die Beisetzungen auch im Kreuzgang und sogar in alten Kellerräumen statt. Fast alle diese Grüfte wurden bei der Aufgabe der Kirche unter Friedrich II. und bei einer „Grabung" im 19. Jh. geleert, umso größer war das Erstaunen, als sich plötzlich in einem Nebenraum eine weitere Überraschung andeutete.

Eine der ältesten Ofenkacheln vom Petriplatz in Berlin-Mitte: Bürgerdarstellung in Renaissancekleidung aus der ersten Hälfte des 17. Jh.

DER SARKOPHAG DES JOHANNITERS

Prachtvolle Särge und Sarkophage, übereinandergestapelt und ineinandergestürzt, Leder mit vergoldeten und versilberten Nagelköpfen, die Schriftzüge ergaben, und ein großer Zinnsarkophag zogen nicht nur die Ausgräber in ihren Bann. Bei der Freilegung des prächtigen Zinnsarkophags schimmerte ein weiß emailliertes Kreuz durch die Verfüllung. Jetzt war klar: Dieser Sarkophag bedurfte der besonderen Aufmerksamkeit. Er wurde aufwendig im Block geborgen und im Rahmen eines Forschungsprojektes von den Studierenden der Hochschule für Technik und Wirtschaft in Berlin freigelegt – und für die Ausstellung im Neuen Museum vorbereitet. Das schimmernde Kreuz mit weißem Email ist das Zeichen

Blick auf das Berliner Stadtschloss um die Jahrhundertwende vom 19. ins 20. Jh.

des Johanniterordens, und in dem Sarg ruhte der Komtur Konrad von Burgsdorff, einst die „rechte Hand“ des großen Kurfürsten.

Doch noch eine Besonderheit war in der Gruft verborgen. Unter dem Fußboden fand sich ein Bleifass, darin ein Holzfass und darin – der Geruch ließ es fast schon vermuten – die inneren Organe eines Menschen. Untersuchungen in der Charité bestätigten den Verdacht. Diese Sonderform der Bestattung ist in der Neuzeit bisher archäologisch nicht nachgewiesen, aus älteren Schriftquellen geht aber hervor, dass Leichen, die einen langen Transportweg zum Bestattungsort vor sich hatten, einer solchen Trennung der Organe vom Skelett unterzogen wurden. Die Hintergründe des Berliner Fasses liegen noch im Dunkeln.

DAS RATHAUS VOR DEM RATHAUS

Ohne Ausgrabung kann im historischen Zentrum von Berlin nicht gebaut werden. Das gilt natürlich auch für das Rathaus. Bereits um 1300 hatte die Stadtgemeinde von Berlin etwa in der Mitte zwischen Nicolai- und Marienkirche ihr Rathaus errichtet. Dieser Bau machte die Bedeutung der aufstrebenden Stadt Berlin deutlich: Der 39 m lange und 17 m breite, sorgfältig gemauerte Backsteinbau setzte neben den Kirchen einen wichtigen Akzent in der Stadt. Das Untergeschoss hatte eine Höhe von über 4 m, allerdings stieg man von der Straße über Rampen in diesen tiefergelegten Verkaufsraum hinab. Hier müssen gute Geschäfte gemacht worden sein, denn Hunderte von Münzen sind im Laufe der Zeit bei den Geschäften zwischen die Holzdielen gefallen oder in den Lehmboden getreten worden – eine einzigartige Quelle für die Wirtschaftsgeschichte des Mittelalters und der frühen Neuzeit! Die Berliner staunten nicht schlecht, als dieses Untergeschoss, das wenige Jahrzehnte nach 1300 bereits eingewölbt worden ist, mit seinen 32 Pfeilern und gut erhaltenen Außenwänden Monat für Monat mehr Gestalt annahm. Jetzt möchte niemand mehr auf diesen einzigartigen Zugang in das Mittelalter verzichten.

MIT DER U-BAHN INS MITTELALTER

Wenn in einigen Jahren die neue U-Bahn, die übrigens der Grund für die Ausgrabung gewesen ist, in die Station „Rotes Rathaus" einfährt, dann wird nicht nur die Grabung in der Station vorgestellt werden, sondern hoffentlich auch die alte Halle des Rathauses wieder zugänglich sein. Als eines der archäologischen „Fenster", die das Herz Berlins, den Ort der Stadtwerdung, wieder neu schlagen lassen. Am Schloss wandeln dann bereits die Menschen durch die alten Keller und können noch das Original unter dem Humboldtforum erleben. Am Petriplatz soll schon bald ein archäologisches Zentrum über den Resten der alten Lateinschule entstehen, das der Landesarchäologie bessere Arbeitsmöglichkeiten verschafft und gleichzeitig den Besuchern die Tätigkeit der Archäologen anschaulich vermittelt.

TOURISTISCHE HINWEISE

Das Museum für Vor- und Frühgeschichte im Neuen Museum auf der Museumsinsel bewahrt und präsentiert die Funde der Berliner Archäologie. Aktuelle Funde sind nach Einrichtung der Dauerausstellung in Ebene 3 ab Frühjahr 2014 ausgestellt. **www.neues-museum.de**
Zudem gibt es Sonderausstellungen zu aktuellen Grabungsfunden.
Regelmäßige Informationen über aktuelle Ausgrabungen in Berlin sowie Termine zu Grabungsführungen im Land Berlin finden Sie unter **www.stadtentwicklung.berlin.de/denkmal/landesdenkmalamt/index.shtml**

DAS LEIDEN ERHÄLT EIN GESICHT

DIE TOTEN VON WITTSTOCK

Es ist eine grausige Spur der Verwüstung, die der Dreißigjährige Krieg (1618–1648) durch Europa zieht. Er bringt Millionen Menschen den Tod und stürzt den halben Kontinent in ein tiefes Trauma. Als die Schweden 1636 in der Schlacht bei Wittstock über ein kaiserlich-sächsisches Heer siegen, lebt dieser erbarmungslose Krieg auf tragische Weise noch einmal auf. Ein archäologischer Superfund machte es nun möglich, das Sterben der „Landsknechte“ mit modernsten Methoden zu entschlüsseln

DER TOD IM KIES

Als der Kiesgrubenbesitzer Edgar Laurinat im März 2007 zum ersten Mal die von einem Bagger aus dem Boden gerissenen menschlichen Knochen vor den Toren des brandenburgischen Wittstocks entdeckt, fährt ihm ein gewaltiger Schreck durch die Glieder. Vor sich sieht er ein Massengrab, etwa 6 m lang und ca. 3,50 m breit. Kurz darauf bestätigt sich, dass es sich nicht, wie anfänglich vermutet, um die Opfer von Todesmärschen handelt, die im Frühjahr 1945 an der Stadt vorbeiführten, sondern offenbar um Männer aus der Zeit des Dreißigjährigen Krieges, die militärisch exakt in Reih und Glied ihre letzte Ruhe in der brandenburgischen Erde gefunden hatten.

Bald darauf verdichtet sich der Befund. Die 88 vollständigen Skelette und die Einzelknochen von vermutlich weiteren 37 Personen sind eindeutig der sagenumwobenen Schicksalsschlacht am Scharfenberg zuzuordnen. Jener Schlacht, die am 4. Oktober 1636 die protestantischen Schweden unter General Banér nach ihrem überraschenden Sieg über

STECKBRIEF

Zeitstellung: Frühe Neuzeit, Dreißigjähriger Krieg 1618 bis 1648 (1636)
Entdeckt durch: Baggerarbeiten in einer Kiesgrube
Grabung: Brandenburgisches Landesamt für Denkmalpflege und Archäologisches Landesmuseum (BLDAM)
Größe der Grabung: Massengrab: 6 m × 3,50 m; Schlachtfeldareal: mehrere Quadratkilometer
Funde: Massengrab (88 Skelette, weitere Knochenfunde von ca. 35 bis 40 Gefallenen), Einzelfunde auf dem Schlachtfeld: Bekleidungsgegenstände, Ausrüstung, Munition

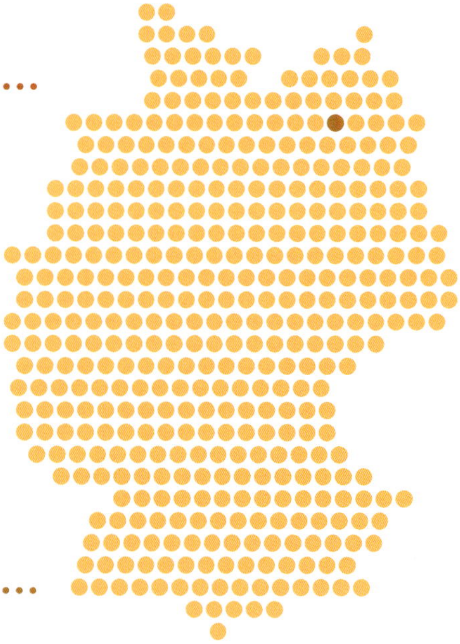

die Kaiserlichen wieder zurück ins skrupellose Spiel der Mächte brachte und den mörderischen Dreißigjährigen Krieg um nochmals 12 Jahre verlängerte.

Der Fund erweist sich schnell als außergewöhnlich. Es sind die einzigen auf einem Schlachtfeld angelegten Soldatengräber, die aus der Zeit des grausigen Flächenbrandes zwischen 1618 und 1648 überhaupt überliefert sind. In einer verrohten Welt, in der fast jeder Dritte in Deutschland den Tod unter oft erbärmlichen Bedingungen fand, war es schlicht nicht üblich, gefallene Soldaten ehrenvoll zu bestatten.

Das Team um die Archäologinnen Sabine Eickhoff und Anja Grothe und die Anthropologin Bettina Jungklaus ist elektrisiert: Erstmals besteht die Möglichkeit, mehr über diese bedeutsame Schlacht in Brandenburg zu erfahren, bei der wohl ca. 6000 bis 9000 Soldaten den Tod fanden.

Wer waren diese Männer, die in der Regel bereits drei Jahre nach ihrem Eintritt in die Armeen der damaligen Zeit ihr Leben ließen? Wie alt waren sie, wo kamen sie her und was geschah damals genau am Scharfenberg bei Wittstock, am 4. Oktober, in dieser Schlacht, die Christoffel von Grim-

Über 120 gefallene Soldaten liegen im Massengrab vor den Toren von Wittstock. 88 Skelette sind vollständig erhalten. Aus der Zeit des Dreißigjährigen Krieges ist es das einzige Grab dieser Art.

melshausen in seinem zeitgenössischen Roman „Simplicissimus" eindringlich beschreibt: „Das gräuliche Schießen, das Klappern der Harnische, das Krachen der Piken, die Schreie der Verwundeten und der Vorwärtsstürmenden und dazu die Trompeten, Trommeln und Pfeifen – das alles ergab eine grausige Musik." Und weiter „Da lagen Köpfe, die ihre natürlichen Herren verloren hatten, und Leiber, denen die Köpfe fehlten. Manchen hingen die Eingeweide aus dem Leib, anderen war der Kopf zerschmettert und das Hirn zerspritzt ...". Grimmelshausens Werk ist das emotionslose Sittengemälde einer Zeit, in der der Tod nicht nur auf dem Schlachtfeld allgegenwärtig ist.

Schnell bildet das Brandenburgische Landesamt für Denkmalpflege ein interdisziplinäres Team aus Archäologen, Anthropologen, Genetikern, Historikern und Militärwissenschaftlern, die mit modernsten Methoden eine Vielzahl von neuen Erkenntnissen über das grausame Sterben der 130 Männer aus dem Massengrab in Erfahrung bringen. Als fast noch wichtiger aber erweisen sich ihre Untersuchungsergebnisse im Blick auf das häufig erbärmliche Leben der Männer vor ihrem allzu frühen Tod am Scharfenberg.

BRAVEHEART – SCHOTTLANDS SÖHNE STERBEN ÜBERALL

Als sich das nur ca. 16000 Mann starke schwedische Heer unter General Banér den etwa 22000 kaiserlich-sächsischen Truppen unter Feldmarschall von Hatzfeldt und Kurfürst Johann Georg I. von Sachsen im Herbst 1636 bei Wittstock zur Entscheidungsschlacht stellt, haben die protes-

Die unterschiedlichen Kugeln zeigen die Vielfalt der einzelnen Schusswaffen. Pistolen, Karabiner und Musketen wurden jeweils als Einzelstücke hergestellt. Besonders die überstehenden Gusszapfen der Pistolenkugeln führten, sofern der Tod nicht sofort eintrat, zu kaum behandelbaren tödlichen Wunden.

tantischen Schweden trotz mehrerer Kräfte zehrender Gewaltmärsche einen Vorteil auf ihrer Seite. Sie sind wendiger und flexibler aufgestellt als das eher schwerfällige Heer der Kaiserlichen. Am Ende ist es die Taktik, die die Entscheidung bringt. Mit schnellen Reiterangriffen reiben sie den Gegner auf, fallen ihm in die Flanke und zermürben die zunehmend ungeordneten Regimenter der Katholiken.

Was sich militärstrategisch so einfach liest, erweist sich nach den Forschungsergebnissen des Wittstocker Teams als ein blutiges Gemetzel junger Männer aus allen Teilen Europas, die nur in den seltensten Fällen vom Glauben beseelt, sondern meist aus purer Not, von Werbern gedungen, oft dem Verhungern nahe, krank und geschunden in die Schlacht zogen. So standen auf Seiten der Schweden nicht nur Skandinavier, sondern auch Balten, Deutsche, Engländer, Iren und Schotten im Feld, während

Die Schlacht bei Wittstock gilt als eine der grausamsten Feldschlachten des Dreißigjährigen Krieges. Der überraschende Sieg gegen die kaiserlich-sächsische Übermacht brachte die militärisch angeschlagenen Schweden zurück ins Spiel der Mächte. Das Sterben über Europa, das fast schon beendet schien, verlängerte sich um weitere 12 Jahre.

Durch ihn erhält die Schlacht bei Wittstock ein Gesicht: Der junge schottische Soldat war Anfang 20, als er an mehreren schweren Kopfverletzungen starb. Hinter ihm lag ein entbehrungsreiches Leben, geprägt von Hunger und chronischen Krankheiten. Das Schicksal vieler Menschen während der Zeit des Dreißigjährigen Krieges.

sich auf Seiten der Kaiserlichen auch Spanier, Italiener und andere vordergründig für den katholischen Glauben schlugen.

Auffallend ist die große Zahl der Schotten. Experten schätzen, dass sich bis zu 20 % aller wehrfähigen Söhne Schottlands für fast alle Heere der damaligen Zeit – meist für die Schweden – schlugen. So verwundert es auch nicht, dass sich im Wittstocker Massengrab viele Schotten befanden, was eine chemische Analyse ergab. Strontium- und Sauerstoffisotope im Zahnschmelz geben Rückschluss auf die Herkunft eines Menschen.

WENN DAS LEBEN ZUR HÖLLE WIRD

Nur zu deutlich bestätigen die pathologischen Befunde den Forschern den von Grimmelshausen im „Simplicissimus" beschriebenen archaischen Blutrausch. Es zeigen sich fürchterliche Verletzungen durch Hieb- und Schusswaffen. Auch wer nicht in den Krieg ziehen musste, starb im Dreißigjährigen Krieg in der Regel einen frühen Tod. Die Menschen, die zum Teil unter unvorstellbaren hygienischen Verhältnissen lebten, waren dauerhaft durch Hunger und Infektionen geschwächt, sodass Tuberkulose, Ruhr und nicht zuletzt die Pest schnell ihre Opfer fanden. Auch die Syphilis war weit verbreitet, so zeigen allein elf Männer aus dem Wittstocker Massengrab Anzeichen für die Endstufe dieser leidvollen Krankheit.

Auch wer als einfacher Soldat die Schlacht am Scharfenberg verwundet überstand, die Forscher gehen von über 4000 Verletzten aus, dürfte nur wenig Chancen gehabt haben, zu überleben. Meist waren es einfache Feldscher oder scheinbar in magischen Dingen bewanderte Frauen aus dem Heerestross, deren unzureichendes medizinisches Wissen in der Regel das Leid der Verwundeten nur noch verschlimmerte. Neben der damals weit verbreiteten „Drecksmedizin“, die mithilfe von gedörrten Kröten und Ziegenkot auf wundersame Heilung setzte, erwies sich das Ausbrennen der Wunden mit siedendem Öl oder einem Glüheisen meist als fatal. Die Folge waren oft tödliche Entzündungen oder Blutvergiftungen.

Es ist ein junger Schotte aus dem Massengrab, Anfang Zwanzig, der uns das Schicksal der jungen Soldaten auf besonders emotionale Weise nahebringt. Für die Ausstellung „1636 – ihre letzte Schlacht“ hat Hilja Hoevenberg vom Brandenburgischen Landesinstitut für Rechtsmedizin sein Gesicht rekonstruiert. Es ist das blasse und erschöpfte Antlitz eines jungen Mannes, der schon zu Lebzeiten durch Hungersnöte gekennzeichnet, von vielen Erkrankungen geplagt, mit frühzeitig degenerierten Gelenken unter großen Schmerzen durch halb Europa zog und in Wittstock mit zerschmettertem Schädel und durchstochener Kehle ein trauriges Ende fand.

Noch nie wurde uns die Hölle des Dreißigjährigen Krieges so nahe gebracht wie durch das Schicksal der 130 Männer aus dem Wittstocker Massengrab.

TOURISTISCHE HINWEISE

Die Sonderaustellung „1636 – ihre letzte Schlacht“ wird im Archäologischen Landesmuseum Brandenburg, in der Archäologischen Staatssammlung München sowie im Museum für Vorgeschichte Dresden gezeigt.
www.1636.de
In Wittstock gibt es eine Aussichts- und Gedenkplattform auf dem Schlachtfeld; in der Alten Bischofsburg ist das Museum des Dreißigjährigen Krieges untergebracht:
www.mdk-wittstock.de

ALIENS IN DER LAUSITZ?

DAS ÄLTESTE MEILERFELD EUROPAS

2008 tauchen im Braunkohletagebau Jänschwalde in der Lausitz kreisrunde Strukturen im Boden auf. Was kann das sein? Die Spuren erinnern Laien an die mysteriösen Nazca-Linien im peruanischen Hochland. Haben hier frühe Bewohner der Lausitz Botschaften an die Gottheiten gesandt oder handelte es sich gar um Spuren von Außerirdischen? Mitnichten: Die Kreise im Tagebau haben eine ganz irdische Erklärung.

ARCHÄOLOGIE IM MEGA-FORMAT

Wo Archäologen andernorts mit Pinzette und Pinsel zu Werk gehen, kennt die Tagebauarchäologie andere Dimensionen. Die Wissenschaftler untersuchen gigantische Flächen, die Tag für Tag im Braunkohleabbau freigelegt werden. Dabei können die riesenhaften Schaufelradbagger an einem einzigen Arbeitstag bis zu 240 000 m³ Kohle oder Abraum bewegen. Eine Schaufelfüllung hebt mit bis zu 6 m³ mehr Erdreich auf, als normalerweise in wochenlangen Grabungen bewegt würden. Die enormen Geländeaufdeckungen in den deutschen Tagebauten bieten für die Archäologen Chancen und Herausforderungen der gigantischen Art. Riesige Flächen werden binnen kürzester Frist geöffnet und damit Abertausende Fenster in die Vergangenheit gleichzeitig aufgerissen. Die Eingriffe durch die Tagebaubagger dringen dabei in Schichten vor, die vor Tausenden oder gar Hunderttausenden Jahren besiedelt waren. So wurde im Tagebau im Helmstedter Braunkohlerevier 1994 am Fundort Schöningen ein Wildpferd-Jagdlager des Urmenschen „homo erectus" entdeckt, in dem sich nahezu unversehrte hölzerne Wurfspeere fanden. Ihr Alter wird auf mindestens 280 000 Jahre geschätzt, und sie sind damit die ältesten vollstän-

STECKBRIEF

Zeitstellung: 16. bis 19. Jh.
Entdeckt durch: Tagebaubagger
Grabung: Brandenburgisches Landesamt für Denkmalpflege und Archäologisches Landesmuseum
Menge der Fundstücke: über 1000 Materialproben

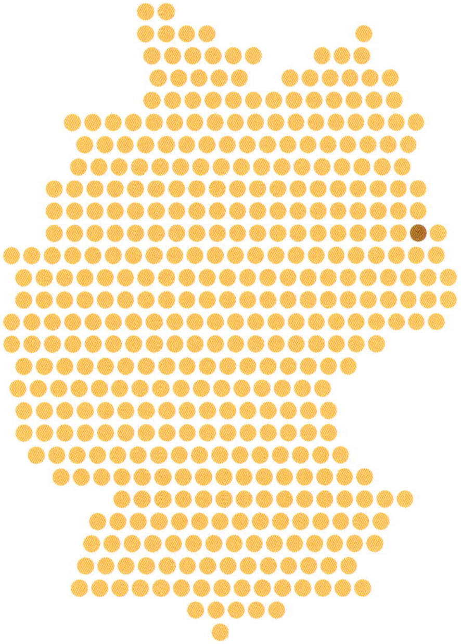

dig erhaltenen Jagdwaffen der Menschheit. Doch es geht sogar noch älter. Im Tagebau Garzweiler im Rheinland wurde an Ostern 2011 der Stamm einer Zypresse gefunden, die vor 12 bis 15 Millionen Jahren am Strand der damaligen Nordsee gestanden hatte. Das besonders gut erhaltene Stück zählt mit fast 10 m Länge zu den größten Fossilfunden der letzten Jahrzehnte. Von den Lagern und Siedlungen der Stein- und Bronzezeit über die Spuren der Römer bis zu den mittelalterlichen und neuzeitlichen Hinterlassenschaften bietet die Tagebauarchäologie so einen Querschnitt durch die Geschichte einer Region, den in dieser Vollständigkeit keine andere Fundstätte zu bieten hat.

Das größte Grabungsgerät der Welt. Ein Bagger im Tagebau kann mit einer einzigen Drehung älteste Siedlungsschichten aufdecken.

Die Größe der „Grabungsflächen" birgt Vor- und Nachteile. Denn wirklich intensiv können bei der Größe der Flächen nur Bruchteile der Tagebauten untersucht werden. Häufig müssen Prospektionen ausreichen. Dabei ist jede Grabung eine Rettungsgrabung. Was nicht entdeckt und dokumentiert wird, ist unwiederbringlich verloren, denn hinter den Ar-

Unendliche Fundflächen. Der Braunkohletagebau bei Jänschwalde.

chäologen steht bereits der gefräßige Schaufelradbagger und wartet darauf, sein Werk fortzusetzen.

EIN HEISSES HANDWERK

Mit einem Durchmesser zwischen drei und mehr als 20 m tauchten 2008 immer mehr Kreise im ehemaligen königlich-preussischen Wald südlich der Stadt Peitz auf. Bis heute sind fast 600 gezählt worden. Außen waren die Ringe von Gräben umzogen, innen zeichneten sich Pfostenlöcher und Gruben ab. Für die Fachleute war schnell klar: Es handelt sich um die Reste von Holzkohlenmeilern, die sich hier über Jahrhunderte im Sand erhalten haben. Solche Meiler bestanden aus geschichtetem Holz, das mit

Pfählen stabilisiert und mit Erde, Moos oder Gras abgedeckt wurde. Die entnommene Erde hinterließ die Gräben, welche rings um die Meilerstrukturen bis heute zu sehen sind.

Die Kunst, aus Holz Kohle zu gewinnen, ist Jahrtausende alt. Unter Luftabschluss verbrennen die leichtflüchtigen Bestandteile des Holzes und zurück bleibt die Kohle, die beim späteren Verbrennen keine Flammen schlägt und eine weit höhere Temperatur erzielt als ein Holzfeuer. Das Köhlerhandwerk hatte über viele Jahrhunderte einen hohen Stellenwert. Noch heute gehört der Nachname „Kohler" oder „Köhler" zu den häufigsten in Deutschland. Doch die Vorfahren dieser Namensträger hatten ein schweres Leben. Denn der Köhler lebte meist an einsamen, abgelegenen Orten und musste seinen Meiler Tag und Nacht bewachen. Die Temperatur im Meilerinneren musste unbedingt gehalten werden und eine Ausbreitung des Brandes oder das Verbrennen der Kohle verhindert werden. Auch Brandverletzungen waren ständiger Begleiter des Köhlerlebens, denn am Ende des Verkohlungsprozesses musste die Kohle aus dem heißen Meiler gezogen werden.

Ein Blick in die früheste Menschheitsgeschichte. Ein rund 300 000 Jahre alter Fußknochen eines Tieres wird im Tagebau bei Schöningen freigelegt.

So könnte es ausgesehen haben. Urmenschen bei der Jagd auf Wildpferde.

FEUER FÜR DIE FRÜHINDUSTRIE

Das Meilerfeld im Jänschwalder Tagebau ließ sich in seinen ältesten Strukturen auf das 16. Jh. datieren. Zwar wusste man um umfangreiche Holzkohlenproduktionen der Frühneuzeit aus dem Erzgebirge, Thüringen oder dem Bayrischen Wald, doch im Brandenburgischen war sie in dieser Dimension noch nicht bekannt gewesen. Die Erklärung liegt wohl in der Nähe zum Hüttenwerk der Stadt Peitz, das einen großen Kohlenbedarf für seine Eisenproduktion hatte. Das Meilerfeld im Jänschwalder Tagebau hat sich mittlerweile als das größte bisher bekannte in Europa entpuppt, und die Archäologen können aus der Fundstätte noch weitere Informationen gewinnen. So waren viele Meiler von regelrechten Sanddünen überlagert. Für die Archäologen ein Hinweis, dass die groß ange-

legte Verkohlung bereits in der frühen Neuzeit zu erheblichen Umweltveränderungen geführt hatte. Ihren Berechnungen zufolge benötigte ein Meiler mittlerer Größe das Holz von 2 ha Wald. Im Laufe der Jahre wurde daher ein erheblicher Teil des Forstes abgeholzt, erodierte und versandete zunehmend. Umweltzerstörung, so belegt das Meilerfeld des Forstes bei Peitz ein weiteres Mal, ist kein ausschließlich modernes Phänomen.

TOURISTISCHE HINWEISE

Archäotechnisches Zentrum Welzow,
Fabrikstraße 2, 03119 Welzow
Servicetelefon: 035751 / 28224
E-Mail: **info@atz-welzow.de**
In Schöningen entsteht zurzeit das „Forschungs- und Erlebniszentrum Schöninger Speere", das 2013 eröffnet werden soll.

OSTSEE – OPTIMAL KONSERVIERT

VERSUNKENE SCHIFFE VOR DER KÜSTE

Der Grund der Ostsee ist gespickt mit Schiffswracks. Viele Jahrhunderte haben ihre Spuren hinterlassen durch Schiffe, die in Stürmen kenterten, auf Riffe aufliefen oder von gigantischen Wellen niedergedrückt wurden. Jedes Wrack erzählt von seiner eigenen Tragödie, der unzählige Menschen zum Opfer fielen. Was vom Schiff übrig blieb, ist oft spektakulär, denn kaum ein anderes Medium konserviert Funde so gut wie Wasser.

NIRGENDWO SONST GIBT ES SO VIELE WRACKS

Ließe man das Wasser aus der Ostsee ab, böte sich ein phantastisches Bild. Unter Algen und Muschelkrusten ragten bizarre Gebilde kreuz und quer übereinander. Hoch getürmt an den Küsten und in der Nähe von Untiefen, willkürlich verteilt auf dem offenen Meeresboden lägen Metall und Holz, Anker, Ketten und Ladungsreste, Kanonenkugeln, Flakgerippe, Dampfkessel, Turbinen, Sextanten und Navigationscomputer. Die Ostsee, jenes kleine Meer zwischen Schleswig-Holstein und den Baltenrepubliken, ist wohl weltweit das Gewässer mit der höchsten Dichte an Schiffswracks. Auf ihrem Grund liegen Kanus und Kutter, Koggen und Kriegsschiffe – aus vielen Jahrhunderten. 2000 gesunkene Schiffe werden allein in der 12-Meilen-Zone vor Mecklenburg-Vorpommern vermutet, direkt vor Rügen sollen es etwa 150 sein. Auch vor Hiddensee und an der so genannten Darßer Schwelle lagern die Rümpfe so dicht wie auf einer Werft. Das hohe Aufkommen an Wracks liegt schlicht in der Historie des Gewässers begründet, das seit Jahrtausenden befahren wird und stets Teil wichtiger europäischer Handelsrouten war. Aber auch biologische und geografische Besonderheiten der Ostsee spielen eine Rolle. Der Salzgehalt ist ge-

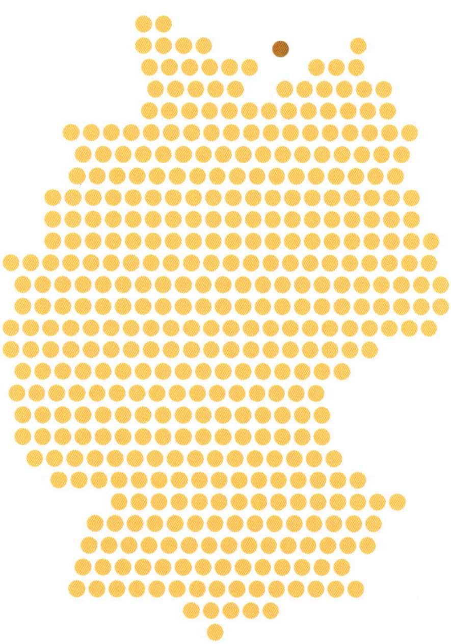

STECKBRIEF

Zeitstellung: Steinzeit bis Moderne
Entdeckt durch: –
Grabung: Landesämter für Bodendenkmalpflege und Unterwasserarchäologie
Größe der Grabung: ca. 400 000 km²
Menge der Funde: Tausende Wracks und ufernahe Siedlungen

ring und bietet dem berüchtigten Bohrwurm, der Schiffswracks in aller Welt zusetzt, keine guten Lebensbedingungen. So erhielten sich hier mehr versunkene Schiffe als anderswo. Hinzu kommt, dass das Binnenmeer zwar weniger stürmisch ist als die Nordsee oder gar der Atlantik, aber dennoch durch Untiefen und wandernde Sandbänke als besonders tückisch gilt. Unerfahrenen Skippern konnte es seit jeher schnell zum Verhängnis werden. Der steigende Wasserspiegel konservierte zudem zahlreiche untergegangene Ortschaften in Ufernähe, sodass die Ostsee über die Jahrtausende zu einem gigantischen Archiv für die Seefahrts- und die Siedlungsgeschichte geworden ist.

Überraschungsfund: Bei Arbeiten für die Ostsee-Pipeline stießen Taucher auf ein Schiffswrack aus dem 18. Jh.

SCHIFFE, DIE GESCHICHTE MACHTEN

Um die Wracks der Ostsee ranken sich eine Fülle von Mythen und Legenden. Vor Stolpmünde, dem heutigen Ustka, liegen die Überreste der „Wilhelm Gustloff", jenes ehemaligen Kreuzfahrtschiffes, das am 30. Januar 1945 von einem sowjetischen U-Boot versenkt wurde und mehrere Tausend Flüchtlinge aus den deutschen Ostgebieten mit in den Tod riss. An Bord wurde immer wieder das verschollene Bernsteinzimmer vermutet, das zuletzt im ostpreußischen Königsberg aufbewahrt worden war. Nicht minder geheimnisumwittert das Wrack der „Estonia", jener Fähre, die 1994 auf dem Weg von Tallinn nach Stockholm binnen kürzester Frist versank. Immer wieder kommen Gerüchte auf, es habe sich um einen Anschlag gehandelt. Neben den zahlreichen U-Boot-Wracks aus dem Zweiten und

1994 wird die Bugklappe der gesunkenen Ostsee-Fähre „Estonia" aus dem Wasser gehievt. Die Umstände ihres Untergangs sorgen noch heute für Spekulationen.

sogar dem Ersten Weltkriegen munkelt man auch über gefährliche Überreste atombetriebener Unterwasserfahrzeuge der Sowjets. Auf dem Grund der Ostsee werden geheime Nazi-Dokumente ebenso vermutet wie noch etliche schatzbeladene Hansekoggen. Oder das Tafelsilber deutscher Kaiser. Und noch aufregender: das Gold der Zaren.

Ein deutscher Mythos. Die „Wilhelm Gustloff" wurde am 30. Januar 1945 von einem sowjetischen U-Boot versenkt. Tausende Flüchtlinge aus Ostpreußen kamen zu Tode.

Auch die ganz normalen Handels- oder Passagierschiffe erzählen faszinierende Geschichten, bergen doch ihre Ladungen eine Momentaufnahme der Alltagskultur der Zeit. Münzen und Schmuck, Navigationsgeräte und nautische Ausrüstung, aber auch die Mannschaftsverpflegung, die Kleidung oder die Spielwürfel der Matrosen zeichnen ein Bild der Vergangenheit, das in schriftlichen Quellen nur selten Erwähnung findet.

Auf eine ganz besondere Legende stießen unlängst Taucher in einem Wrack zwischen Schweden und Finnland. Ein Schiff, das wohl Ende des 18. Jh. versunken war, enthielt neben einer großen Ladung Bier auch 30 Flaschen Champagner. Die Hoffnung, dass es sich aufgrund eines Ankersymbols auf dem Korken um eine der ersten Lieferungen „Veuve Cliquot“ des legendären Hauses „Moët & Chandon“ handelte, zerstreute sich zwar, aber immerhin ist dieser Champagner der älteste weltweit erhaltene. Möglicherweise war die Ladung vom französischen König für den russischen Zaren bestimmt. Und was kaum jemand für möglich gehalten hatte: Nach mehr als 200 Jahren war der Edeltropfen noch immer trinkbar. Er habe in feinen Bläschen geperlt, bekräftigten schwärmend die Verkoster.

BERGUNG NUR IM NOTFALL

Die Wracks der Ostsee zu erforschen ist für die Wissenschaftler eine Herausforderung – auch an die Selbstdisziplin. Denn anders als Bodendenkmäler sind die Wasserfunde deutlich seltener von Zerstörung bedroht. Gräbt der „Landes“-Archäologe oft genug vor dem Baubagger her, um den Fund gerade noch rechtzeitig zu konservieren, ist der Wasserfund gerade dort, wo er ist, optimal geschützt. Erkenntnisse wünschen sich die Wissenschaftler natürlich trotzdem und so kartieren sie zunächst Lage und Erhaltungszustand des Wracks. Bei der Auffindung der Schiffsüberreste nutzen die Archäologen die Technik des Side-Scan-Sonars, das Schallsignale auf den Meeresboden sendet und so Objekte aufspüren kann, die im trüben Gewässer optisch nicht auszumachen wären. Die Lage von mehr als 1200 Wracks in der Ostsee ist bereits erfasst. Einzelne Fundstücke dür-

Nahezu unversehrt. Ein Taucher birgt vor Wismar einen Zinnteller aus einem Schiffswrack des 15. Jh.

fen auch entnommen werden, um Alter und Herkunft der Schiffe bestimmen zu können, sofern die Bauform hier noch keine eindeutigen Schlüsse zulässt. Bei Schiffen aus Holz ermöglicht die Dendrochronologie in der Regel eine präzise Datierung der verwendeten Baumstämme. Allerdings sind die Archäologen nicht vor Irrtümern gefeit. Eine jüngst verbesserte Methode der Altersbestimmung von Holz entlarvte zwei Schiffe, die bis dato als Hansekoggen des 14. Jh. galten, als rund 400 Jahre jünger.

Die Zurückhaltung, die sich die Forscher auferlegt haben, um Funde möglichst unberührt zu erhalten, steht in krassem Widerspruch zum wüsten Vorgehen, mit dem Schatztaucher die Wracks plündern. Dass diese Plünderungen strafbar sind und empfindlich geahndet werden können, stört dabei die wenigsten. Seit 2001 sind Schiffswracks weltweit durch die „UNESCO-Konvention zum Schutz von Unterwasserkulturerbe" geschützt. Eine regelrechte Plünderungsindustrie versorgt den Schwarzmarkt dennoch mit wertvollem nautischem Gerät, Münzen, Schmuck und anderen Kostbarkeiten aus den Bäuchen der versunkenen Schiffe. Dabei hat man an den Fundstücken nur selten länger Freude, denn einmal ohne professionelle Restaurierung dem Luftsauerstoff ausgesetzt, zerfallen viele von ihnen im Handumdrehen. Darüber hinaus kommt es bei unprofessionellen Tauchgängen in Wracks immer wieder zu Unfällen, die sogar tödlich verlaufen können. Und nicht jede historische Hinterlassenschaft im Wasser ist ein Schatz. Auch Bomben und chemische Kampfstoffe aus den Weltkriegen haben in der Ostsee ihr nasses Grab gefunden.

TOURISTISCHE HINWEISE

Museum für Unterwasserarchäologie
in Sassnitz: Alter Fährhafen, 18546 Sassnitz,
Telefon/Fax 038392/32300.
Öffnungszeiten:
April bis Oktober täglich 10–18 Uhr,
November bis März täglich 10–17 Uhr.
www.archaeologie-mv.de

EINE KEGELBAHN IM KLOSTER

ÜBERRASCHENDE ENTDECKUNGEN IN OBERFRANKEN

In das Bild vom geregelten, abgeschiedenen Leben passen keine kegelnden Mönche – und doch hat es sie gegeben. Bei der Erforschung der klösterlichen Kultur rückt nun – neben Kirche und Klausur – immer stärker das Umfeld in den Blickpunkt. Die Klostergärten und die Gestaltung der umgebenden Landschaft spielen dabei eine herausgehobene Rolle

„EIN PLATZ, DER ERHOLUNG GEWEIHT“

Als Victor von Scheffel bereits Jahrzehnte nach der 1803 erfolgten Aufhebung des Benediktinerklosters im oberfränkischen Banz weilte, fand er einen wunderbaren, verwunschenen Ort vor, dem er mit seinem Gedicht „Waldpsalm“ ein Denkmal setzte:

Wandelt zur Lichtung der Höhe empor
Das ist der Waldesbasilika Chor
Felsen, zu Steintisch und Bänken geschichtet,
stehen dort kunstreich im Fünfeck errichtet.
Heil dir, oh Platz der Erholung geweiht,
buchenumfriedete Einsamkeit.

Der Dichter erhob hier den Platz der Erholung im Wald in eine zutiefst religiös durchdrungene Sphäre, der Benediktiner des 18. Jh. wird vermutlich mit etwas weniger Pathos, dafür jedoch mit großer Selbstverständlichkeit diesen „arboretum recreationis“, diesen Wald der Erholung, aufgesucht haben.

STECKBRIEF

Zeitstellung: Barock, 18. Jh.
Funde: schlecht erhaltene Überreste der Kegelbahn; heute verdeckt unter Asphaltdecke

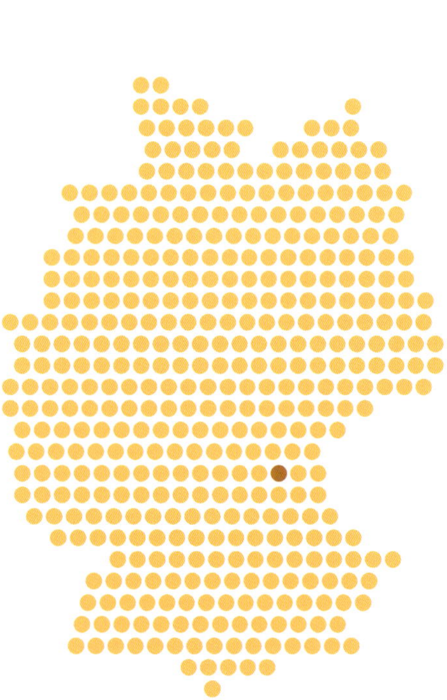

Wer heute den Wald auf der der Anhöhe zugewandten Seite des prächtigen Barockklosters durchstreift, stößt zunächst auf einen Hochseilklettergarten. Diese moderne Form der Erholung ist dem Platz durchaus angemessen, denn einige Meter weiter stehen große steinerne Sitzwürfel und Tische, die 2009, so wie Victor von Scheffel es beschreibt, im Fünfeck wieder aufgerichtet worden sind. Daneben haben sich die Spuren der gleichmäßigen Kegelbahn im Boden bewahrt, und sie ist heute in einfacher Weise und mit einer Asphaltdecke erneut errichtet worden.

Kloster Banz erlebte im 18. Jh. seine große Blütezeit. Am Anfang entstanden unter Johann Leonhard Dientzenhofer erste Gebäude, sein Bruder Johann entwarf dann den großartigen Kirchenneubau. Erst um 1770 vollendete das große Eingangstor das Gesamtensemble.

MUSSE UND VERSCHWENDUNG

Die Situation in Banz ist ein seltener archäologischer Coup, denn diese einfachen Anlagen haben sonst häufig nur wenige und bisher kaum beachtete Spuren hinterlassen. Das Kloster Banz hatte wie viele Anlagen im 18. Jh. seine große Zeit. Es prosperierte in jeder Hinsicht. Davon kündet bis

Der Ausschnitt stammt aus einer nach 1737 gemalten Vedute, die das Kloster Dalheim nach Abschluss der barocken Baumaßnahmen zeigt. Unter der Baumkanzel sind die Kegel gut zu erkennen.

heute die großartige barocke Klosteranlage, die das Maintal gegenüber von Vierzehnheiligen beherrscht und von großer Begeisterung für die Kunst als auch von einem Hang zum übermäßigen Einsatz finanzieller Mittel zeugt. Aber dies ist eine Wertung aus unserer Zeit. Der Barock und gerade die barocke Klosterkultur sind mit unseren Maßstäben nicht zu messen. Verschwendung im Sinne des Einsatzes aller Mittel ist eine Grundhaltung, die dem aufklärerischen Geist zutiefst suspekt gewesen ist. Gleiches gilt für die andere Eigenschaft, die diese Kulturepoche von der rationaleren Weltsicht des 19. Jh. so grundlegend unterscheidet: die Muße. Ohne die Wertschätzung dieses uns so fremd gewordenen Zustandes ist ein „arboretum recreationis“ ebenso wenig zu verstehen wie die Pracht eines barocken Klostergartens. Denn dieser hat – zumindest in dem Teil, der nur von den Mönchen oder Nonnen betreten werden durfte – gerade nicht in erster Linie der Repräsentation gedient, sondern tatsächlich der Erbauung des klösterlichen Konventes. Die Banzer Anlage geht auf den Mönch Johann Baptist Roppelt zurück, der den „Erholungs-, Kegel- und Bogenschießplatz“ konzipiert hat. Er war ein Universalgelehrter mit einem Schwerpunkt auf der Naturwissenschaft und leitete das Banzer Münz- und Mineralienkabinett. Die Kegelbahn im Wald zeigt, dass die gebildeten Mönche den Zusammenhang zwischen Arbeit und Rekreation sehr gut gekannt haben.

DIE KUGEL ROLLT SEIT DEM MITTELALTER

Die Banzer Kegelbahn ist nicht die einzige, von der sich Spuren aus der Barockzeit bis heute erhalten haben. Etwas älter ist ein Gemälde, welches das Augustinerchorherrenkloster Dalheim bei Paderborn zeigt. Das mittelalterliche Kloster wurde Anfang des 18. Jh. durchgreifend modernisiert, und die Gartenanlagen sind mit großem Aufwand gestaltet worden. Archäologische Grabungen seit 2002 haben die gut erhaltenen Brunnen, Hangmauern und Wegstrukturen des Gartens freigelegt und beweisen, dass die Vedute den Zustand sehr detailgenau wiedergibt. Dies gilt sicher auch für die kleinen Kegel und für die Kugeln auf dem Gemälde, die wie zufällig in einem abgesonderten Gartenbereich zwischen dem barock ge-

Nach Fertigstellung des Klosters widmeten sich die Mönche dann dem „arbor recreationis“ und legten im Wald ihre Kegelbahn an.

Die Zehenknochen von Rindern wurden schon seit der Antike zu Spielzwecken genutzt. Man konnte damit würfeln oder auch die aufgestellten Knochen mit einer Kugel zum Umfallen bringen.

stalteten Teil und der Klostermauer liegen. Alles zusammen bildet den Dalheimer „arboretum recreationis". Auch ein prächtiger Baum mit großer Krone, vermutlich eine Linde, die von einer Baumkanzel umgeben ist. Hier konnten die Chorherren in aller Ruhe und oberhalb der Hecken den Blick auf ihr Kloster genießen. Was für ein Ort zur Erbauung und für Mußestunden!

Im Prämonstratenserkloster Clarholz im Münsterland gab es sogar eine Allwetterkegelbahn. Die Anlage war bequem aus dem Refektorium zu erreichen und wurde für ein Spielchen nach dem Essen genutzt.

Die barocke Kegelleidenschaft im Kloster – und dafür werden sich in vielen Klöstern noch weitere Beispiele finden lassen – ist allerdings nicht einfach so auf die älteren Klosterphasen zurückzuschreiben, sie ist tatsächlich ein barockes Sondergut. Um überhaupt den Wert von sportlicher Betätigung und Aufenthalt in der Natur zu schätzen, musste sich die Wahrnehmung von Welt ändern, musste die Natur als Gottes Schöpfung geschätzt und als Teil des göttlichen Heilsgeschehens begriffen werden. So führt der Weg über die Erfassung von Pflanzen mit botanischer Genauigkeit seit dem Spätmittelalter über die Gärten der Renaissance bis zur Kegelbahn des Barock. Kegelnde Benediktiner wären im Hochmittelalter unvorstellbar gewesen. Allein die (Pflicht-)Lektüre der Regel des Mönchvaters Benedikt zeigt deutlich, dass hier kein Raum für „Spiel" gegeben war. Für Benedikt war „Müßiggang aller Laster Anfang". Schon das Lachen stellte eine Gefährdung auf dem Weg der Demut dar, der als Voraussetzung für echte Gottesliebe verstanden wurde. So musste sich die menschliche Spielfreude im mittelalterlichen Kloster eher eine Nische suchen – sei es räumlich oder zeitlich.

Verbote zeugen ebenso wie archäologische Spielzeugfunde davon, dass ein vollständiges Verdrängen des Spiels im Kloster nicht möglich gewesen ist. Und wenn schon gespielt werden musste, dann wenigsten mit einer lehrreichen Geschichte. Und so hören wir von den ersten Kegelspielen unter dem Namen „Heidenkegeln". In Hildesheim ist das „Abwerfen der Heiden" schon für das 13. Jh. belegt, allerdings noch vor den Mauern des Bischofspalastes. Im benachbarten Halberstadt haben wenig später bereits die Domherren Gefallen an dieser besonderen Art der Heidenbekehrung gefunden.

Von Halberstadt bis nach Banz zieht sich also der Bogen, der hier zeitlich vom Mittelalter über die barocke Kegelbahn bis zum Klettergarten unserer Zeit gespannt wird. Auch die Archäologie darf die Erholung als menschliches Grundbedürfnis nicht vergessen. Und hat darin ein weiteres spannendes Betätigungsfeld gefunden.

TOURISTISCHE HINWEISE

An der barockzeitlichen Kegelbahn befindet sich heute der Waldklettergarten Banz mit zahlreichen Unterhaltungsmöglichkeiten.
www.waldklettergarten-banz.de
Eine Ausstellung im Kloster Dalheim widmet sich dem Thema:
„Heiter bis göttlich. Die Kultur des Spiels im Kloster"
3. Juni bis 1. November 2013
Stiftung Kloster Dalheim
LWL-Landesmuseum für Klosterkultur
Am Kloster 11
33165 Lichtenau
www.stiftung-kloster-dalheim.lwl.org

FLUCHT
DURCH DEN TUNNEL

ARCHÄOLOGIE DER DEUTSCHEN TEILUNG

Der Mauerbau im August 1961 war eine Zäsur in der deutschen Geschichte. Im März 1963 gelingt 13 Menschen die Flucht durch einen Tunnel nach Westberlin. 2011 – 48 Jahre später – wird der Stollen wiederentdeckt und archäologisch ausgegraben. Eine einzigartige Situation: Die Zeitzeugen sind dabei und stehen für alle Informationen zur Verfügung. Heute wohnt die Familie wieder in dem Haus, das sie damals durch den Tunnel verlassen hat.

„WIR WOLLTEN FREI SEIN"

Der Alltag der Familie Aagaard, die im Norden Brandenburgs an der Grenze zu Berlin in Glienicke lebte, war von der Mauer geprägt. Niemand durfte ohne Voranmeldung und Passierschein die Familie besuchen, sie selber mussten bei jedem Spaziergang ihren Ausweis zeigen. Direkt hinter ihrem Haus baute die DDR die Speeranlagen aus, Wachtürme wurden errichtet und die Gefahr, dass auch ihr Haus bald den immer perfider und raumgreifender konstruierten Grenzbefestigungen weichen musste, wuchs zusehends. Doch die Familie Aagaard wollte ihr Schicksal selbst in die Hand nehmen.

Wer die jetzt 91-jährige Lucie Aagaard heute trifft, spürt den Mut und die Tatkraft, die diese Person auch damals angetrieben hat: „Wir wollten frei sein. Das war der Grund für unsere Flucht." Als die Familie 1961 aus dem Urlaub zurückkehrt, sind die Absperrungen vor ihrem Haus allge-

STECKBRIEF

Zeitstellung: jüngster von drei Fluchttunneln in Glienicke/Nordbahn (Flucht am 10.3.1963), Fundplatz Glienicke/Nordbahn 7 – DDR-Grenzmarkierung/Grenzverläufe 1961–1989
Entdeckt durch: Zeugenbefragung und Prospektion von T. Dressler/ABD-Dressler
Grabung: Martina-Johanna Brather, Thomas Kersting (Brandenburgisches Landesamt für Denkmalpflege und Archäologisches Landesmuseum)
Größe der Grabung: 1300 m^2 (verteilt auf sieben Untersuchungsflächen), Tunnellänge ca. 45 lfm; 0,60 m breit und 0,80 m hoch
Menge der Fundstücke: 40 bis 50 Fundobjekte
Funde: Teile der ehemaligen Aussteifung des Tunnels (Fensterrahmen und Holzbretter), ehem. Tunnelbeleuchtung (Weihnachtsbaumkerzen), Abfälle der Grenztruppen (Lebensmittelverpackungen, Signalpatronen), Überreste der Grenzanlagen (Stacheldraht, Kabel)

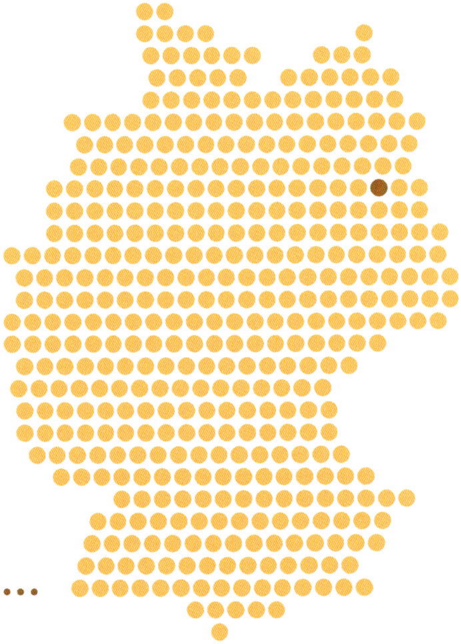

genwärtig. Ein Jahr später fasst die Familie im nächsten Urlaub ihren mutigen Entschluss: Wir graben uns in die Freiheit. Am 5. Oktober beginnen die riskanten Arbeiten. In den nächsten fünf Monaten ist im Haus alles anders. Und doch muss der Anschein der Normalität gewahrt werden.

Einige Bretter der Versteifung der Tunnelwand haben sich erhalten. Im Profil sind über dem vollständig mit Sand zugeschwemmten Tunnel sogar noch Reste der Deckenbretter zu erkennen.

WOHIN MIT DEM SAND?

Die Situation in Glienicke ist günstig. Der Grenzstreifen besitzt hier eine Breite von etwa 40 m, und die Grenze zu Westberlin bildet einen Abhang. Und trotzdem liegt eine gewaltige Aufgabe vor den Aagaards. Ihr Mann und der Sohn einer befreundeten Familie, der den Grenzwächtern als „armer Student" vorgestellt wird, der hier verköstigt werden soll, graben sich nachts – mit den bloßen Händen, mit Bratpfannen und einfachsten Arbeitsgeräten – langsam vor. Der Tunnel verläuft in einer Tiefe zwischen 2,5 und 3,5 m, hat den Durchmesser eines Umzugskartons und soll 13 Menschen – Familie Aagaard und Freunden – als Tor in den Westen dienen. Der Stollen muss eine Wasserleitung unterqueren und darf die Fundamente eines benachbarten Hauses unter keinen Umständen berühren. Mit dem Graben kommen die Männer gut voran, da der märkische Sand relativ leicht zu lockern ist. Dies ist allerdings auch eine große Gefahr, dreimal stürzten Teile des Tunnels ein, einmal wurde einer der Gräber verschüttet, er konnte sich selber glücklicherweise schnell wieder befreien. Doch das Hauptproblem bildet nicht das Aushöhlen des Tunnels, das Hauptproblem sind die Massen an Sand. Wie versteckt man 40 m^3 Erde in einem Haus? Jeder Sandhaufen vor der Tür hätte sofort den Verdacht der Grenzer erweckt, denn bereits 1962 sind in Glienicke zwei andere Fluchttunnel erfolgreich gebaut worden. Die Grenztruppen sind also gewarnt und misstrauisch. Lucie Aagaard berichtet, dass sie jederzeit mit überraschenden Besuchen von Grenzern rechnen mussten. Der gesamte Sand darf also nicht auffallen. Jede Nacht wird die Badewanne mit Sand gefüllt, jeden Morgen wird diese Wannenfüllung mit Wäsche getarnt und verschwindet im Laufe des Tages – und zwar im Haus. Wie das geht? Die Familie errichtet Zwischenwände, um dahinter den Sand zu verstecken. Zudem wird jeder Hohlraum im Eigenheim aufgefüllt. Selbst die Kommoden und Schubladen quellen über vor Sand.

DIE FLUCHT

Am 10. März ist es endlich so weit. Nachdem der Internationale Frauentag scheinbar ausgelassen mit einer großen Kaffeetafel gefeiert worden war, besteigen die 13 Personen den Tunnel. Die damals 73-jährige Oma wird auf einer Luftmatratze hindurchgezogen. Der Tunnel selbst ist in

Auch ein Fensterrahmen wurde zur Absicherung des Tunnels verbaut.

wenigen Minuten durchquert, aber vor dem Ausstieg warten die längsten Stunden ihres Lebens auf die Familien. Der erste Flüchtende soll sofort die Westberliner Polizei verständigen, damit der Ausstieg aus dem Tunnel, der in Sichtweite der DDR-Grenzer liegt, gesichert werden kann. Was niemand ahnte: In den letzten Monaten war die Polizeistation in Hermsdorf verlegt worden, und so dauert es zwei lange Stunden, bis endlich alle Abtrünnigen ihren Fluchttunnel verlassen können.

Blick von Westberlin auf den Mauerbereich und das am rechten Bildrand hinter dem Wachturm gelegene Haus der Familie Aagaard.

Als am nächsten Tag Lucie Aagaard ihren beliebten Frisörsalon nicht öffnet und auch ihr Sohn Detlef nicht zur Schule kommt, werden die Grenztruppen misstrauisch und das Haus geöffnet. Es dauerte einige Zeit, bis der Einstieg in den Tunnel gefunden ist, er liegt hinter einer Blumenbank gut verborgen. Nur das nicht abgewaschene Kaffeegeschirr dient der Stasi als erster Hinweis auf die Zahl der Menschen, denen hier die Flucht in die Freiheit gelungen ist.

ARCHÄOLOGIE MIT ZEITZEUGEN

Der Archäologe Torsten Dressler und sein Team arbeiten routiniert. Jedes Detail wird vermessen und exakt dokumentiert. Mit Georadar wird das gesamte Areal sorgfältig untersucht. Es könnte irgendeine wichtige Ausgrabung sein, die hier durchgeführt wird. Und doch ist alles anders.

Im Sand zeichnet sich der Umriss des Tunnels durch eine schmale braune Linie ab. Das Innere ist kaum vom äußeren Bereich zu unterscheiden. Steriler Sand füllt den schmalen, einst nur 60 cm breiten und 80 cm hohen Tunnel auf. Absolut fundleer wirkt die Verfüllung. Plötzlich sieht der Ausgräber unter den Augen der damals Geflüchteten erstaunt auf. Beim Reinigen des Profils ist er auf eine Glühbirne gestoßen. Sie ist nicht auf den Boden des Tunnels gefallen, sondern steckt an der Stelle im Sand, an der sie auch an der Tunneldecke gehangen hat. Sie diente den Aagaards zur Beleuchtung bei der Arbeit im Tunnel, aber auch als Warnsignal. Wenn das Licht ausging, näherten sich Grenzer und die Arbeit wurde dann unterbrochen. Für den Archäologen ist die Glühbirne ein wichtiges Indiz. Sie zeigt, dass der Sand den Tunnel schon bald so vollständig verfüllt hatte, dass die Birne, nachdem das Kabel nahezu ohne Spuren vergangen ist, nicht mehr hinunterfallen konnte. Der Sand muss vom Wasser in den Tunnel eingeschwemmt worden sein. Dies ist ein wichtiger Hinweis, um Vorgänge auch bei lange zurückliegenden historischen Vorgängen, etwa bei der Verfüllung von Grabkammern, richtig einordnen zu können. Die Seitenwände waren nur mit dünnen einfachen Brettern ausgesteift, die oh-

Matthias Wemhoff im Gespräch mit Lucie und Detlef Aagaard.

Die Konservendosen enthielten Lebensmittel für die Grenztruppen.

ne Verdacht zu erregen, beschafft werden konnten. Einzig ein Fensterrahmen, der genau die Maße des Tunnels aufwies, hat noch Substanz, dass er geborgen werden konnte. Er soll einst im Archäologischen Landesmuseum in Brandenburg von dieser gewagten Flucht zeugen. Der Tunnel selbst wird möglicherweise schon bald überbaut – vom Grenzstreifen ist heute an dieser Stelle kaum noch etwas zu sehen. Doch die Familie Aagaard hält die Erinnerung an ihr Kapitel deutscher Geschichte nicht nur mit einem Mauerelement auf ihrem Grundstück wach. So anschaulich wie im Leben der Aagaards wird selten deutlich, was der Mauerbau bewirkt hat. Und selten ist eine Geschichte so gut ausgegangen wie im Fall der Aagaards, die heute wieder in ihrem Haus wohnen, ohne Grenze, aber mit den Resten des Tunnels in ihrem Garten.

TOURISTISCHE HINWEISE

Seit dem 9. November 2011 befindet sich vor Ort eine Gedenkstele „Aagaard-Fluchttunnel“. Aktuelle Hinweise und gesammelte Pressebeiträge zum Fluchttunnel finden Sie unter: **www.fluchttunnel-glienicke.de**

VERSUNKEN, ABER NICHT VERGESSEN

RUNGHOLT IM NEBEL DER GESCHICHTE

Gelegentlich sollen die Glocken Rungholts aus den seichten Tiefen des nordfriesischen Wattenmeeres erklingen – zumindest der Sage nach. Aber Rungholt, eine 1362 in der Nordsee versunkene Stadt, ist kein Seemannsgarn. Und doch ranken sich Rätsel um den Ort. Lange aus dem Fokus der Forschung geraten, tauchte Rungholt nur sporadisch in den Medien auf. Im Rahmen küstenarchäologischer Untersuchungen wird aber seit Kurzem nach der Ursache des Untergangs gefahndet – mit überraschenden Ergebnissen.

GEHEIMNISSE IM WATT – DER MYTHOS

Über die Geschehnisse des Jahres 1362 liegen keine authentischen Berichte von Zeitzeugen vor. Keine der verschiedenen Chroniken und Schriften, die das Schicksal Rungholts erwähnen, wurde von Augenzeugen oder Zeitgenossen verfasst. Doch im kollektiven Gedächtnis lebte der Untergang großer Teile der nordfriesischen Küste fort. Obwohl der Name „Rungholt“ in mittelalterlichen Dokumenten so gut wie nicht vorkommt, ist er in der nordfriesischen Sagenwelt zum Inbegriff für jene verhängnisvolle Sturmflut geworden – ausgeschmückt mit phantasiereichem Legendenwerk, denn damals konnte eine derartige Katastrophe ja nur als göttliche Strafe für menschliche Verfehlungen verstanden werden. So sollen sich einige Kneipenbesucher nach ausgiebigem Alkoholgenuss folgenden derben Spaß mit dem örtlichen Pfarrer erlaubt haben: Sie machten die Sau des Rungholter Wirtes mit Bier betrunken. Dann schafften sie das schwankende Tier in ein Bett und riefen den Geistlichen herbei, er solle einem mit dem Tode Ringenden das Sterbesakrament spenden. Als der Priester den Frevel entdeckte, weigerte er sich. Daraufhin schändeten die Saufkumpane die heiligen Hostien und verprügelten den frommen Mann, der nur mit knapper Not entkommen konnte. Geschockt floh der Pfarrer

STECKBRIEF

Zeitstellung: Mittelalter, 14. Jh.
Entdeckt durch: Hobbyarchäologe Andreas Busch
Grabung: kleinere Untersuchungen und vereinzelte freigespülte Funde
Funde: Brunnen, Schleusenreste, Keramikteile, Knochen, Spuren des Torfabbaus, Schwerter, Bronzegrapen, Trachtbestandteile, Pilgerrasseln, Pferdegeschirr, skandinavische Wetzsteine, u.a.m.

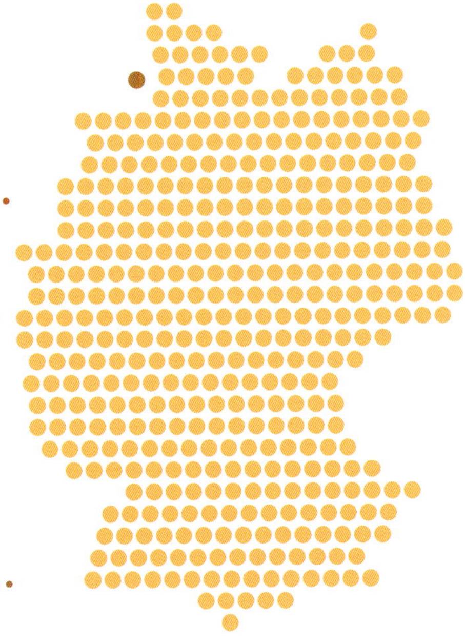

Hobby-Archäologe Andreas Busch entdeckte Brunnenreste und andere Spuren einer versunkenen Kulturlandschaft.

in die Kirche und erflehte am Altar die Bestrafung der Gotteslästerer. Diesem Wunsch wurde von allerhöchster Seite umgehend entsprochen. Eine gewaltige Flut verschlang Rungholt und benachbarte Ortschaften mit Mann und Maus. Dies weiß die Sage. Darüber, ob der Pfarrer und mindestens zwei Jungfrauen überlebt haben, gibt es unterschiedliche Darstellungen. So soll die Schwester des bekannten Chronisten Pastor Anton Heimreich 1634 einen Nachfahren einer jener Rungholter Jungfrauen geheiratet haben. Aus dieser Verbindung leiten sich bis in die Gegenwart die Nordstrander Familien Boysen, Hansen und Reinhold her.

DIE APOKALYPSE

Die heutigen „Uthlande", also die Inseln, Halligen und Marschen vor der Küste Nordfrieslands, sind nur noch ein kleiner Rest eines Gebietes, das im frühen Mittelalter eine große zusammenhängende Landschaft mit eige-

Von den einst ausgedehnten Uthlanden sind nach Jahrhunderten ständiger Angriffe der Nordsee nur einige nordfriesische Inseln und Halligen übrig geblieben.

ner – friesischer – Bevölkerung war. Einige Marschflächen waren sogar seit mindestens 4500 Jahren besiedelt. Bis ins 10. Jh. blieben die Fluten der Nordsee gemäßigt. Doch dann verschärfte sich die Lage durch den allmählich ansteigenden Meeresspiegel. Nun errichteten die Siedler ihre Häuser auf künstlichen Anhöhen, den Warften. Ab dem 12. Jh. versuchten sie auch, ihr Land mit Deichen zu schützen. Die einzelnen Gemeinden – Kirchspiele genannt – lagen weit verstreut. Irgendwann haben die Menschen in der Gegend um die heutige Hallig Südfall herum am damaligen Hever-Strom einen Hafen angelegt. Er lag günstig. Vermutlich wurde über ihn der gesamte Handel der Region abgewickelt. Dieser Umschlagplatz namens Rungholt hat sich rasch zu einem respektablen Dorf gemausert. Allerdings darf man sich nach heutigem Kenntnisstand keine prachtvolle Stadt vorstellen. Feste Steinhäuser gab es in dieser Gegend erst seit Mitte des 16. Jh. Bäuerlich einfach ging es zu am Hever-Strand. Steuerlisten der dänischen Regierung zufolge leistete kein anderer Ort der Uthlande so hohe Abgaben wie Rungholt. Doch trotz offensichtlichen Wohlstands hatte die Bevölkerung auch mit schweren Schicksalsschlägen zu kämpfen. Pestepidemien und Hungersnöte forderten ebenso wie kriegerische Auseinandersetzungen der Friesen mit dänischen Truppen viele Menschenleben. Mit allem wurden sie irgendwie fertig. Doch am 16. Januar 1362, nach dem Kirchenkalender der Sonntag „Marcelli Pontificis“, brach die Apokalypse über Menschen und Marschen der gesamten Region herein. Eine gewaltige Sturmflut zerriss das uralte Kulturland. Tausende verloren ihr Leben. Mehrere Siedlungen wurden von den tosenden Wogen verschlungen. Allein im Rungholt-Gebiet sollen sieben, in Dithmarschen, Nordstrand und Eiderstedt insgesamt etwa 30 Gemeinden untergegangen sein. Die furchtbaren, folgenschweren Überschwemmungen jenes Sonntags gingen als die „Marcellus-Flut" oder auch als „Erste grote Mandränke" in die norddeutsche Geschichte ein.

RUNGHOLT – OPFER EINER KLIMAKATASTROPHE?

Die bekanntesten Berichte über das Schicksal Rungholts wurden im 17. Jh., also 300 Jahre nach der Marcellus-Flut, verfasst. Sie machen unterschiedliche Angaben zur Lage der Stadt und anderen Details. Im Laufe der Zeit erfuhren die Schilderungen weitere Ausschmückungen der sagenhaften Art. Dazu zählt auch die Prophezeiung, Rungholt stehe unversehrt auf dem Meeresgrund und werde eines Tages wieder aus den Fluten auferstehen. Der Dichter Detlev von Liliencron verewigte diese Phantasie 1882 in seinem Gedicht „Trutz blanke Hans".

Keramikfunde aus dem Rungholt-Watt im Nordsee-Museum von Husum.

Ein Jahr danach erblickte auf der Insel Nordstrand Andreas Busch das Licht der Welt. Als Schüler faszinierte ihn jenes Epos. Die versunkene Stadt wurde sein Lebensthema. Südlich der Hallig Südfall fand er zahlreiche Siedlungsreste und war überzeugt, den geografischen Kern der alten Sagen gefunden zu haben. Beweisen konnte er es nicht. Viele seiner Funde sind inzwischen längst wieder zugespült oder weggerissen. Aber Andreas Busch hat Rungholt maßgeblich zur Wiedergeburt verholfen, indem er die Stadt zum Gegenstand der Forschung machte. Bis heute weiß zwar niemand, wo genau Rungholt gelegen hat. Grabungen sind wegen der Gezeiten schwierig. Auch der Einsatz moderner luftarchäologischer Technik hat noch nicht zum Ziel geführt. Dafür sucht man seit einigen Jahren nach der Ursache jener Katastrophe. Das Zwischenfazit lautet: Es war eine Ver-

Südlich der Hallig Südfall sind des Öfteren Siedlungsreste aufgetaucht – und meist wieder von den Wellen verschlungen worden.

kettung verschiedener Umstände, die jeder für sich das Desaster begünstigten und alle zusammen in die Vernichtung führten. Krankheiten und Kriege hatten die Bevölkerung erheblich dezimiert. Die wenigen Überlebenden konnten die Deiche nicht in Stand halten. Gleichzeitig stieg der Meeresspiegel infolge einer Klimaerwärmung an. Durch den Abbau von Salztorf hatten die Menschen weite Gebiete „tiefergelegt", sodass Teile des Landes unter Normalnull lagen – bei einem Deichbruch besonders fatal. Aber mit der Gewinnung von Salz, dem weißen Gold des Nordens, machten die Rungholter einen großen Teil ihres Vermögens. Da fragten sie nicht lange nach den Folgen. Hinzu kam, dass es sich um eine ungewöhnlich starke Sturmflut handelte, die quer über die gesamte Nordsee wütete. So versank einen Tag vor Rungholt an der englischen Ostküste der Ort Dunwich in den Fluten. Das Wettergeschehen ist inzwischen weitgehend geklärt. Auch auf die Frage, weshalb Rungholt und sein Umland in einer Nacht vollständig verschwanden, während andere Uthland-Bereiche weniger nachhaltig getroffen wurden, konnte jüngst eine überraschende Antwort gefunden werden: Rungholt stand auf den relativ lockeren Sedimenten, die ein eiszeitliches Tal verfüllt hatten. Als die Deiche brachen, wälzten sich die Wassermassen mit solcher Gewalt ins Hinterland, dass diese Ablagerungen und mit ihnen sämtliche Häuser und Höfe weggespült wurden. Niemand kann abschätzen, wie viele Spuren von Rungholt noch im Watt verborgen liegen – und ob sie jemals wieder ans Tageslicht kommen. Vielleicht führen ja umfangreiche Kartierungen des deutschen Meeresbodens im Vorfeld von Windkraftanlagen zu neuen Erkenntnissen über den Verbleib jener bis heute rätselhaften Stadt.

TOURISTISCHE HINWEISE

Das Nordseemuseum Husum zeigt Rungholtfunde in der Dauerausstellung.
www.museumsverbund-nordfriesland.de/nordseemuseum
Auf Pellworm finden alljährlich Rungholt-Tage statt (Vorträge, Wattführungen).
Ein kleines Rungholt-Museum zeigt zahlreiche Fundstücke.
www.sh-tourist.de/veransta/ruhotage/ruhotage.htm
Auch auf der Halbinsel Nordstrand werden Rungholt-Tage veranstaltet (Vorträge u. a.).
www.rungholttage-nordstrand.de

WEITERFÜHRENDE LITERATUR

Teilweise sind die Grabungen noch nicht abgeschlossen, sodass die Ergebnisse teils noch nicht publiziert sind. Daher können wir nicht zu jedem Thema gleich viele Literaturtipps angeben.

1. Löwenmensch

Unterwegs – Lonetal: Geologie – Archäologie – Flora – Fauna – Freizeit – Service. Verlag Klemm und Oelschläger, Ulm 2011.

2. Pfahlbauten

Pfahlbauten – Verborgene Schätze in Seen und Mooren, Staatsanzeiger für Baden-Württemberg GmbH in Zusammenarbeit mit dem Landesamt für Denkmalpflege Baden-Württemberg im Regierungspräsidium Stuttgart, Stuttgart 2011.

3. Ötzi

Angelika Fleckinger (Hrsg.): Ötzi 2.0: Eine Mumie zwischen Wissenschaft, Kult und Mythos. Stuttgart 2011.

4. Himmelsscheibe von Nebra

Harald Meller (Hrsg.): Der geschmiedete Himmel. Die weite Welt im Herzen Europas vor 3600 Jahren. Stuttgart 2004.

Johannes Koch: Die Himmelsscheibe von Nebra – Ein Deutungsversuch, in: Archäologie in Sachsen-Anhalt N.F. 2.2004, S. 39–43.

Wolfhard Schlosser: Die Himmelsscheibe von Nebra – Astronomische Untersuchungen, in: P. R. Sahm/H. Rahmann/H.J. Blome/G. Thiele (Hrsg.): Homo spaciens. Der Mensch im Kosmos. Ein interdisziplinärer Ausblick auf Ursprung und Zukunft des Menschen im All. Hamburg 2005, S. 73–97.

Ralf Hansen: Die Himmelsscheibe von Nebra – neu interpretiert, in: Archäologie in Sachsen-Anhalt N.F. 4.2006 (2007), S. 289–304.

Ralf Koneckis/Holger Filling: Die Goldpunkte auf der Himmelsscheibe von Nebra, in: Lectures in Geophysics and Physics VI (2), 2005, S. 56–75.

5. Familiengrab Eulau

Harald Meller/Arnold Muhl/Klaus Heckenhahn: Tatort Eulau: Ein 4500 Jahre altes Verbrechen wird aufgeklärt. Stuttgart 2010.

6. „Moora“

A. Bauerochse / H. Haßmann / K. Püschel (Hrsg.): „Moora“ – Das Mädchen aus dem Uchter Moor. Materialhefte zur Ur- und Frühgeschichte Niedersachsens Bd. 37. Rahden/Westf. 2008.

A. Bauerochse/St. Burrath/H. Haßmann et al.: Von Angesicht zu Angesicht. Das Mädchen aus dem Uchter Moor bekommt ein Gesicht. Berichte zur Denkmalpflege in Niedersachsen 2/2011, S. 55–60.

Thomas Brock: Moorleichen: Zeugen vergangener Jahrtausende. Stuttgart 2009.

Frank Both/Mamoun Fansa: Faszination Moorleichen. Darmstadt 2008.

Mamoun Fansa: Mumien aus dem Moor. Begegnungen mit Moorleichen im Landesmuseum für Natur und Mensch in Odenburg. In: Antike Welt 2/2005, S. 15–20.

7. Keltengrab Heuneburg

Dirk Krausse/Nicole Ebinger-Rist: Die Keltenfürstin von Herbertingen. Entdeckung, Bergung und wissenschaftliche Bedeutung des neuen hallstattzeitlichen Prunkgrabes von der Heuneburg. In: Denkmalpflege in Baden-Württemberg. Nachrichtenblatt der Landesdenkmalpflege. 40. Jg., 4/2011, S. 202–207.

Siegfried Kurz/Siegwalt Schiek/André Billamboz/Arnd Goppelsröder: Bestattungsplätze im Umfeld der Heuneburg. Stuttgart 2002.

Siegfried Kurz: Untersuchungen zur Entstehung der Heuneburg in der späten Hallstattzeit. Stuttgart 2007.

8. Limes

Deutsche Limeskommission (Hrsg.): Der Limes als UNESCO-Welterbe. Beiträge zum Welterbe Limes 1. Stuttgart 2008.
Dieter Planck/Andreas Thiel (Hrsg.): Das Limes-Lexikon. Roms Grenzen von A bis Z. München 2009.
Egon Schallmayer: Der Limes. Geschichte einer Grenze. 2. Auflage, München 2007.
Margot Klee: Der römische Limes in Hessen. Geschichte und Schauplätze des UNESCO-Welterbes. Regensburg 2009.
Thomas Fischer/Erika Riedmeier-Fischer: Der römische Limes in Bayern. Geschichte und Schauplätze entlang des UNESCO-Welterbes. Regensburg 2008.
Margot Klee: Grenzen des Imperiums. Leben am römischen Limes. Stuttgart 2006.
Andreas Thiel: Die Römer in Deutschland. Stuttgart 2008.

9. Harzhorn

M. Geschwinde / H. Haßmann / P. Lönne / M. Meyer / G. Moosbauer: Roms vergessener Feldzug. Das neu entdeckte römische Schlachtfeld am Harzhorn in Niedersachsen. In: Varusschlacht im Osnabrücker Land (Hrsg.), Ausstellungskatalog: 2000 Jahre Varusschlacht. Band 2: Konflikt, Stuttgart 2009, S. 228–232.
M. Geschwinde/P. Lönne: Das Schlachtfeld am Harzhorn: Neue archäologische Untersuchungen 2009 und 2010. Berichte zur Denkmalpflege in Niedersachsen 1/2011, S. 25–27.
H. Callies: Historische Überlegungen zum römisch-germanischen Schlachtfeld am Harzhorn. Berichte zur Denkmalpflege in Niedersachsen 1/2011, S. 28–32.
R. Wiegels/G. Moosbauer/M. Meier/P. Lönne/M. Geschwinde: Eine römische Dolabra mit Inschrift vom Harzhorn. Lkr. Northeim. Archäologisches Korrespondenzblatt 4/2011, S. 561–570.
Ralf-Peter Märtin: Die Rache der Römer. National Geographic Juni 2010, S. 66–93.
Michael Geschwinde / Petra Lönne: Die Spur der Sandalennägel. Hintergründe zur Entdeckung eines römischen Schlachtfeldes. In: Archäologie in Deutschland 2 / 2009, S. 38–39.

10. Pipeline

M. Fansa / F. Both / H. Haßmann (Hrsg.): Archäologie I Land I Niedersachsen. 25 Jahre Denkmalschutz – 400.000 Jahre Geschichte. Archäologische Mitteilungen aus Nordwestdeutschland, Beiheft 42, Stuttgart, 2005.
Dieter Bischop: Die römische Kaiserzeit und frühe Völkerwanderungszeit zwischen Weser und Hunte. Eine archäologische Bestandsaufnahme des Landkreises Diepholz, Oldenburg, 2001.
Pipelinearchäologie zwischen Harz und Heide. Wegweiser zur Vor- und Frühgeschichte Niedersachsens 20. Hrsg.: Institut für Denkmalpflege und Archäologische Kommission für Niedersachsen e. V., Oldenburg, 1997.
Berichte zur Denkmalpflege in Niedersachsen. Veröffentlichung des Niedersächsischen Landesamtes für Denkmalpflege 2012, Heft 1. Stefan Winghart (Hrsg.), Heft über die NEL-Pipeline, erscheint Mitte März 2012.

11. Holsterburg

Andrea Bulla/Cornelia Kneppe: Die Holsterburg – eine oktogonale stauferzeitliche Burganlage bei Warburg. In: Archäologie in Westfalen-Lippe 2010, S. 145–149.
Andrea Bulla/Hans-Werner Peine: Wallburg – Motte – Oktogon. Burgenarchäologie in einer Grenzregion. In: Archäologie in Deutschland 2/2012, S. 64–65.
Einen Überblick zum Stand der westfälischen Burgenforschung bietet:
Hans-Werner Peine: Dodiko, Rütger von der Horst und

Simon zur Lippe: Adelige Herren des Mittelalters und der frühen Neuzeit in Burg, Schloss und Festung. In: Hinter Schloss und Riegel. Burgen und Befestigungen in Westfalen. Ausstellungskatalog, Westfälisches Museum für Archäologie, Münster 1997.

12. Dippoldiswalde

Aufbruch unter Tage – Stand und Aufgaben der montanarchäologischen Forschung in Sachsen. Arbeits- und Forschungsberichte zur sächsischen Bodendenkmalpflege, Beiheft 22, Dresden 2011.

13. Lübeck

Deutsche Stiftung Denkmalschutz (Hrsg.): Gebrannte Größe – Backsteingotik Bd.1 Lübeck: Die Hanse – Macht des Handels, 2. Auflage 2004.
Rolf Hammel-Kiesow: Silber, Gold und Hansehandel. Lübeck 2003.
Doris Mührenberg/Alfred Falk: Mit Gugel, Pritschholz und Trippe – Alltag im mittelalterlichen Lübeck. Archäologische Gesellschaft der Hansestadt Lübeck, Jahresschrift 2/3, 1997/1999.
Im September 2013 erscheint im Theiss Verlag der Band „Ausflüge zu Archäologie, Geschichte und Kultur. Hansestadt Lübeck". Darin werden auch die entsprechenden Grabungen und Funde aus der Lübecker Altstadt thematisiert.

14. Berlin

Matthias Wemhoff: Die Keller des Berliner Schlosses und ihre Teilerhaltung im Humboldtforum, in: Acta Praehistorica et Archeaologica, Bd. 43, Berlin 2011, S. 95–99.
Matthias Wemhoff (Hrsg.): Von den letzten Dingen. Tod und Begräbnis in der Mark Brandenburg 1500–1800, Begleitheft zur Ausstellung im Neuen Museum, Berlin 2012.
Matthias Wemhoff: Der Berliner Skulpturenfund. Entartete Kunst im Bombenschutt. Regensburg 2010.
M. Malliaris: Ausgrabungen auf dem Schlossplatz in Berlin-Mitte. Neues aus Alt-Cölln, in: Der Bär von Berlin. Jahrbuch 2011 des Vereins für die Geschichte Berlins. Sechzigste Folge 2011, S. 9–28.
C. M. Melisch: Die Bedeutung des Petriplatzes aus archäologischer Sicht. Bericht zu den Ausgrabungen 2007–2009, in: Der Bär von Berlin. Jahrbuch 2010 des Vereins für die Geschichte Berlins. Neunundfünfzigste Folge 2010, S. 9–24.
Weitere aktuelle Beiträge der einzelnen Ausgrabungsleiter finden Sie in: Alte Mitte – Neue Mitte? Positionen zum historischen Zentrum von Berlin. In: U. Schaper (Hrsg.): Kleine Schriftenreihe der Historischen Kommission zu Berlin 10 (Berlin 2012). in Vorbereitung zum Druck
M. Hofmann/M. Escobedo: Kubistischer Kopf im Keller. In: Archäologie in Deutschland 6/2010, S. 46.
B. Faensen/M. Hofmann/H. Kennecke/D. Schumann: Im alten Ratskeller von Berlin. In: Archäologie in Deutschland 3/2011, S. 48–49.
M. Hofmann/G. Nath: Mit der U5 bis ins Mittelalter. In: Archäologie in Deutschland 2/2010, S. 44.
M. Hofmann: Münzen unterm Rathaus. In: Archäologie in Deutschland 2/2012, S. 42–43.

15. Wittstock

Sabine Eickhoff/Franz Schopper: 1636 – ihre letzte Schlacht: Leben im Dreißigjährigen Krieg. Stuttgart 2012.
Thomas Brock/Arne Homann: Schlachtfeldarchäologie. Auf den Spuren des Krieges. Sonderheft der Zeitschrift „Archäologie in Deutschland". Stuttgart 2011.

16. Lausitz

Harald Rösler: Köhlerei für das Eisenhüttenwerk Peitz in Brandenburg. In: Archäologie in Deutschland 3 / 2008.
Peter Schöneburg: Kontinuität und Diskontinuität in Forschung und Besiedlung. Archäologie im Vorfeld der Tagebaue Nochten und Reichwalde in der Oberlausitz. In: Archaeo. Archäologie in Sachsen 6 / 2009.

Harald Meller: Aspekte zur Besiedlungsgeschichte der Oberlausitz. Arbeits- und Forschungsberichte sächsische Bodendenkmalpflege 42,2000.
St. A. Lütgert: EP 15. Sensationelle archäologische Funde: Die Schöninger Speere. In: F. J. Krüger (Bearb.): Braunschweiger Land.
Wanderungen in die Erdgeschichte 19. München 2006, S. 103–105.
Die größte archäologische Ausgrabung in Niedersachsen. Bedeutende Entdeckungen zur Urgeschichte im Tagebau Schöningen. In: M. Fansa u. a. (Hrsg.): Archäologie I Land I Niedersachsen. 25 Jahre Denkmalschutz – 400.000 Jahre Geschichte. Ausstellungskatalog.

17. Ostsee

Friedrich Lüth (Hrsg.): Tauchgang in die Vergangenheit – Unterwasserarchäologie in Nord- und Ostsee. Sonderheft der Zeitschrift „Archäologie in Deutschland". Stuttgart 2004.
In Poseidons Reich. Archäologie unter Wasser. Sonderheft der Zeitschrift „Antike Welt". Mainz 1995.

18. Kegelbahn

K-L. Lippert: Landkreis Staffelstein. Bayerische Kunstdenkmale XXVIII, München 1968, S. 27–81. (zur Kegelbahn s.v. S. 79).
E. Gall (Hrsg.): Georg Dehio. Handbuch der Deutschen Kunstdenkmäler. Bayern I: Franken – Die Regierungsbezirke Oberfranken, Mittelfranken und Unterfranken. München/Berlin 1999, S. 175–181.
Matthias Preißler: Die Dalheimer Klostergärten, S.22, 2010.
Peter Hersche: Muße und Verschwendung. Europäische Gesellschaft und Kultur im Barockzeitalter, 2 Bde., Freiburg 2006.

19. Fluchttunnel

T. Dressler/Th. Kersting: Grenzerfahrungen. In: Archäologie in Deutschland 1/2012, S. 43.

20. Rungholt

Thomas Steensen (Hrsg.): Das große Nordfriesland-Buch. Hamburg 2000, S. 122–161.
Albert Bantelmann / Rolf Kuschert / Albert Panten / Thomas Steensen: Geschichte Nordfrieslands. 2. Auflage, Heide 1996.
Andreas Busch: Die Entdeckung der letzten Spuren Rungholts. In: Jahrbuch des nordfriesischen Vereins 9/10, 1923, S. 3–32.
Albert Bantelmann: Die Landschaftsentwicklung an der schleswig-holsteinischen Westküste, dargestellt am Beispiel Nordfriesland. In: Die Küste 2 (1966), S. 5–99.
Hans-Herbert Henningsen: Rungholt. Der Weg in die Katastrophe. Aufstieg, Blütezeit und Untergang eines bedeutenden mittelalterlichen Ortes in Nordfriesland. Band 1, Husum 1998.

IMPRESSUM

Bibliografische Information der Deutschen Nationalbibliothek
Die Deutsche Nationalbibliothek verzeichnet diese Publikation in der Deutschen Nationalbibliografie; detaillierte bibliografische Daten sind im Internet über http://dnb.d-nb.de abrufbar.

Die Herausgabe dieses Werkes wurde durch die Vereinsmitglieder der WBG ermöglicht.

Lektorat: Verlagsbüro Wais & Partner, Stuttgart, Tina Steinhilber
Produktion: Verlagsbüro Wais & Partner, Stuttgart, Hans-Jürgen Trinkner
Druck und Bindung: Himmer AG, Augsburg

ISBN 978-3-8062-2630-0

Besuchen Sie uns im Internet: www.theiss.de

Lizenzausgabe für die WBG (Wissenschaftliche Buchgesellschaft), Darmstadt

ISBN 978-3-534-25473-6

www.wbg-wissenverbindet.de

Autoren dieses Buches:

Friederike Haedecke, Redakteurin und Autorin für TV-Dokumentationen: Kapitel 4, 6, 8, 9, 16, 17

Klaus Heckenhahn, stellv. Leiter der Redaktion Wissen, ZDF: Kapitel 5, 15

Alexander Hesse, Leiter der Redaktion Geschichte & Gesellschaft, ZDF: Kapitel 1, 2, 13, 20

Andreas Sawall, freier Autor: Kapitel 3, 7, 10, 12

Prof. Dr. Matthias Wemhoff, Direktor des Museums für Vor- und Frühgeschichte im Neuen Museum Berlin und Landesarchäologe: Kapitel 11, 14, 18, 19

Bildnachweis

Frontispiz: Brian Harris / Alamy; S8 Yvonne Mühleis, © Landesamt für Denkmalpflege; S9 Südtiroler Archäologiemuseum/Eurac/Samadelli/Staschitz; S10 picture alliance / dpa; S11 Rupert Scheele; S12/13, S16 Hans Jakobi; S15 © Landesamt für Denkmalpflege; S17 Yvonne Mühleis, © Landesamt für Denkmalpflege; S18 © dieKleinert / Alamy; S20/21 Pfahlbaumuseum/F. Müller; S23, S26 © Regierungspräsidium Stuttgart, Landesamt für Denkmalpflege / W. Hohl; S25 Foto AATG, J. Bürgi, www.archaeologie.tg.ch; S27 © Regierungspräsidium Stuttgart, Landesamt für Denkmalpflege / M. Erne; S28/29, S32 Südtiroler Archäologiemuseum/Eurac/Samadelli/Staschitz; S31, S33 Südtiroler Archäologiemuseum; S34 Südtiroler Archäologiemuseum/Regionalkrankenhaus Bozen; S35 Südtiroler Archäologiemuseum, Foto A. Ochsenreiter; S36/37, S39 © Landesamt für Denkmalpflege und Archäologie Sachsen-Anhalt, Juraj Lipták; S40 © Landesamt für Denkmalpflege und Archäologie Sachsen-Anhalt, Thomas Koiki; S41 picture-alliance / ZB; S42 © Karol Schauer, LDA Sachsen-Anhalt; S44/45 © Landesamt für Denkmalpflege und Archäologie Sachsen-Anhalt, Robert Ganslmeier; S46, S50 © Landesamt für Denkmalpflege und Archäologie Sachsen-Anhalt, Juraj Lipták; S47 ZDF/B. Fraatz; S48/49 © Karol Schauer, LDA Sachsen-Anhalt; S52/53 © imagebroker / Alamy, Foto Michael Dietrich; S55–56 picture-alliance / dpa / dpaweb; S57 picture-alliance / dpa / dpaweb, Foto: Maurizio Gambarini; S58 picture alliance / dpa; S60/61, S63, S65 Regierungspräsidium Stuttgart; S64 Rupert Scheele; S66 picture alliance / dpa; S68/69 picture-alliance / dpa/dpaweb, Foto: Harry Melchert; S71 BLfD, 7132/021 vom 19.6.2008, 1Ds09208, K. Leidorf; S73 picture-alliance / Helga Lade Fotoagentur GmbH, Ger; S74 © stephen Mulcahey/Alamy; S76/77 daniel stricker / pixelio.de; S79 picture-alliance/ dpa, Foto: Stefan Rampfel; S80 picture-alliance/ dpa, Foto: Frank May; S81 bpk / Hermann Buresch; S82 picture alliance / dpa, Foto: Dominique Leppin; S83 picture alliance / dpa, Foto: Julian Stratenschulte; S84/85 picture alliance / ZB, Foto: Stefan Sauer; S87 picture alliance / dpa; S88 Andreas Niemuth, Niedersächsisches Landesamt für Denkmalpflege; S89o bpk / Herbert Kraft; S89u Peter Palm; S90 Volker Minkus/Niedersächsisches Landesamt für Denkmalpflege; S92/93, S95, S97 D. Welp, LWL-Archäologie für Westfalen; S96 Hans Jakobi; S98 © Tips Images / Tips Italia Srl a socio unico / Alamy, Foto Guido Alberto Rossi; S100/101, S104 Rupert Scheele; S103 H. Lausch, Freiberg; S105 Y. Hoffmann, Landesamt für Archäologie Dresden; S106 Volkmar Scholz, Freiberg; S107 T. Reuter, Landesamt für Archäologie Dresden; S108/109 Hans Jakobi; S111–115 Bereich Archäologie und Denkmalpflege der Hansestadt Lübeck; S116/117, S119 Hans Jakobi; S120 Malliaris; S121 Claudia M. Melisch, 2010; S122 picture alliance / dpa; S124/125, S127, S129 A. Grothe, BLDAM; S128 D. Sommer, BLDAM; S130 H. Hoevenberg, LKA Berlin, Forensik; S132/133 Karin Rösler, Brandenburgisches Landesamt für Denkmalpflege und Archäologisches Landesmuseum; S135, S137 picture alliance / dpa; S136 picture alliance / ZB, Foto: Patrick Pleul; S138/139 Tom Ungemach; S140/141 akg-images; S143–144 picture alliance / dpa; S145 picture alliance; S146 picture-alliance / ZB; S148/149 Hans Jakobi; S151 © WoodyStock / Alamy, Foto Raedlein Martina; S152 Stiftung Kloster Dalheim. LWL-Landesmuseum für Klosterkultur, Foto: Ansgar Hoffmann; S153 Waldklettergarten Banz GmbH; S154 Rupert Scheele; S156/157 akg-images; S159–160 Hans Jakobi; S161 Privatfoto Dr. Klingenfuß/Berlin; S162 T. Dressler; S163 G. Bethmann/ABD-Dressler; S164/165, S169 picture-alliance/ dpa, Foto: Horst Pfeiffer; S167 picture-alliance/ dpa; S168 Peter Palm; S170 picture-alliance/ ZB, Foto: Euroluftbild.